INTRODUÇÃO CRÍTICA AO DIREITO CRIMINAL

Antonio Carlos Santoro Filho

INTRODUÇÃO CRÍTICA AO DIREITO CRIMINAL

1ª edição
2019
São Paulo – SP

Verlu Editora

© Antonio Carlos Santoro Filho
© Verlu Editora

Capa, edição digital e revisão
Verlu Castellano Jacob

FICHA CATALOGRÁFICA

Santoro Filho, Antonio Carlos.

INTRODUÇÃO CRÍTICA AO DIREITO CRIMINAL/ Antonio Carlos Santoro Filho. 1a. edição. São Paulo: Verlu Editora, 2019.

Reservada a propriedade literária desta publicação e todos os direitos para Língua Portuguesa para Verlu Castellano Jacob Editora.

Tradução e reprodução proibidas, total ou parcialmente, conforme a Lei n. 9.610, de 19 de fevereiro de 1998.

Verlu Editora.
Rua Vergueiro, n. 3142, cj. 22
CEP – 04101-300 – São Paulo-SP
Site: **www.verlueditora.com**
e-mail: **verlu@verlueditora.com**

APRESENTAÇÃO DO AUTOR

Antonio Carlos Santoro Filho é autor dos livros:

O Sentido de Ser Pessoa – exclusividade da Amazon, livro digital, 2ª edição, revista e atualizada, (Verlu Editora, 2019)

Planos de Saúde nos Tribunais – exclusividade da Amazon, livro digital, 2ª edição revista, atualizada e ampliada (Verlu Editora, 2019)

O Visitante – exclusividade da Amazon, livro digital, 2ª edição, revista e atualizada, (Verlu Editora, 2019)

Direito e Saúde Mental – exclusividade da Amazon – livro digital, 2ª edição, revista, atualizada e ampliada (Verlu Editora, 2019)

Teoria do Crime - exclusividade da Amazon nas ver-

sões digital e impressa, 1ª edição (Verlu Editora, 2019)

Tipicidade e Imputação Objetiva no Direito Penal Brasileiro - livro digital (Verlu Editora, 2016);

Princípios Elementares de Direito Criminal - livro digital (Verlu Editora, 2016);

Estudos de Processo Penal - livro digital (Verlu Editora, 2015)

O Visitante - livro digital (Verlu Editora, 2014);

Planos de Saúde nos Tribunais - livro digital (Verlu Editora, 2014);

Direito e Saúde Mental - livro digital (Verlu Editora, 2014);

O Sentido de Ser Pessoa - livro digital (Verlu Editora, 2013);

Direito e Saúde Mental - livro impresso (Verlu Editora, 2012);

O Sentido de Ser Pessoa - livro impresso (Verlu Editora, 2011);

Medidas Cautelares no Processo Penal - livro impresso (Letras Jurídicas, 2011);

Teoria da Imputação Objetiva-livro impresso (Malheiros, 2007);

Fundamentos de Direito Penal-livro impresso (Malheiros, 2003);

Teoria do Tipo Penal- livro impresso (LED, 2001);

Bases Críticas do Direito Criminal- livro impresso (LED, 2000)

Santoro também é autor de muitos artigos jurídicos e filosóficos.

Antonio Carlos Santoro Filho é graduado em Direito pela Universidade de São Paulo com especialização em Direito Penal e Criminologia.

Pós-Graduado em Direito Penal pela Escola Paulista da Magistratura.

Juiz de Direito no Estado de São Paulo desde 1995.

Integrou a comissão editorial dos Cadernos Jurídicos da Escola Paulista da Magistratura de 2005 a 2014.

REDES SOCIAIS
DO AUTOR:

Página do autor no Facebook:

https://www.facebook.com/SantoronaComunidadeVerluEditora

Twitter do autor:

https://twitter.com/SANTORO_FILHO

INTRODUÇÃO

Este trabalho tem por finalidade principal apresentar, de forma sintética e objetiva, porém não demasiadamente superficial, as bases epistemológicas do direito criminal, para propiciar, àqueles que se iniciam em seu estudo, noções introdutórias que possibilitem, posteriormente, o aprendizado crítico dos institutos desta disciplina.

Trata-se, portanto, de uma proposta de propedêutica de direito penal, dirigida especialmente aos que tomarão o primeiro contato com a matéria.

Devido ao objetivo perseguido, limitamos como objeto de estudo as principais primeiras questões levantadas pelos estudantes, cujas respostas reputamos essenciais ao conhecimento do direito penal. São estas: o que é direito penal? Quais as suas origens modernas? A que se destina? Como se estrutura? Quais as suas perspectivas?

Para respondê-las, elaboramos os cinco capítulos desta monografia.

O primeiro versa sobre a denominação e o conceito – objetivo –

do direito criminal, bem como a respeito de sua relação com o Estado.

No segundo capítulo são apresentadas as principais escolas penais posteriores ao advento do pensamento iluminista, cujos postulados essenciais influenciaram, em maior ou menor grau, o direito criminal hoje vigente.

O terceiro capítulo cuida dos fins da pena e do próprio direito penal, de sua legitimação e de seu conceito material.

A seguir são analisados os princípios fundamentais do direito criminal, que o estruturam como sistema no Estado democrático de Direito.

Por fim, o capítulo quinto é dedicado à política criminal e suas principais tendências, que constituem as ideologias de modificação do direito penal.

Toda a obra está impregnada pela adequação – existente ou que deve existir – entre o direito penal e o Estado democrático de Direito, instituído pela Constituição da República de 1988 e pelo seu corolário fundamental, a dignidade da pessoa humana.

Assim, esperamos estar contribuindo, ainda que reconhecidamente em pequeno grau, para a formação não de meros técnicos em direito penal, conhecedores de sua aplicação automatizada, mas, essencialmente, de penalistas preocupados com a democracia e com seu valor supremo, a pessoa humana, aptos não só a operar o direito criminal, mas também a criticá-lo e a pugnar, com dados científicos, por sua transformação.

Para sugestões, dúvidas e críticas, estamos à disposição em nossa página oficial no facebook:

https://www.facebook.com/
SantoronaComunidadeVerluEditora

I – O DIREITO PENAL

1 – Denominação

Predomina, na atualidade, a nomenclatura *direito penal* para designar-se a disciplina cujo estudo ora iniciamos.

Esta denominação, contudo, não é unânime, e nem sempre foi a que prevaleceu, tendo sido utilizada pela primeira vez em 1756, por Regnerus Engelhard, discípulo de Christian Wolff.

Alguns autores como Eduardo Correia, E. Mezger, Aníbal Bruno, Sauer e Antolisei, com os quais concordamos, consideram tecnicamente mais correta a expressão *direito criminal*, por abranger não somente o aspecto sancionador deste ramo de direito, a principal consequência do fato jurídico que constitui o seu cerne, mas também os outros aspectos relevantes de seu conteúdo. No *direito criminal* não se analisa apenas o crime, como fato isolado, mas todas as suas implicações.

A denominação *direito penal*, por outro lado, é demais limitadora, pois enfoca apenas uma das possíveis consequências que podem recair sobre o autor do delito.

Outros doutrinadores optam por expressões pouco difundidas. Assim, Puglia denomina-o *direito repressivo*; Dorado Montero, *direito protetor dos criminosos*; De Luca, *princípios de criminologia*; Thomsen, *direito na luta contra o crime* e José Agustín Martínez, *direito de defesa social*, que deu ensejo ao *Código de Defesa Social* cubano, de sua autoria.

A favor do uso da nomenclatura direito penal, entretanto, pode-se ressaltar a sua larga e tradicional utilização pela maioria dos operadores do direito e a existência, entre nós, de um Código Penal e não de um Código Criminal. Utilizamos, por isso, indistintamente, *direito criminal* e *direito penal* para denominar esta disciplina, mesmo porque não importa consequências dignas de nota na elaboração de sua teoria geral.

2 – CONCEITO

A elaboração de um conceito de direito penal, em seu aspecto objetivo, deve ter em vista o agrupamento, em uma fórmula sintética, de suas características essenciais, de forma a explicar as linhas mestras deste ramo do Direito.

Von Liszt, o primeiro autor a tratar o direito penal como sistema, define-o como "o conjunto das regras jurídicas estabelecidas pelo Estado, que associam ao crime, como fato, a pena, como consequência"[1].

A este conceito pode-se objetar a não contemplação das medidas de segurança, as quais, ao menos no aspecto *formal*, pertencem ao direito penal.

Jímenez de Asúa, por sua vez, conceitua o direito penal nos seguintes termos: "Conjunto de normas e disposições jurídicas que regulam o exercício do poder sancionador e preventivo do Estado, estabelecendo o conceito de delito como pressuposto da ação estatal, assim como a responsabilidade do sujeito ativo, e associando à infração da norma uma pena finalista ou uma medida de segurança"[2].

Esta definição, por seu turno, embora compreenda, em seu conteúdo, tanto a pena como a medida de segurança, revela-se estreita, pois traduz uma prévia opção por determinada finalidade da pena – preventiva e finalista, ou ressocializante -, o que não se verifica, entretanto, em todas as formas de instituição sistêmica do direito penal, estando carregada, portanto, de elevada subjetividade.

Pensamos que, para comportar as várias tendências filosóficas que cuidam do direito penal e que pretendem explicar os seus fins, um conceito *objetivo* da disciplina deve, obrigatória e obviamente, trazer como sua nota essencial a objetividade.

Assim, sob este ângulo, formulamos o seguinte conceito de direito penal: *o conjunto de normas jurídicas que disciplinam a atuação do Estado no tratamento do crime, regulando-o e prevendo as medidas aplicáveis ao seu autor.*

A expressão direito penal é utilizada, também, no mais das vezes, como sinônimo de *ciência penal* ou ciência jurídica penal.

Esta ciência penal, como ensina Assis Toledo, "é um conjunto de conhecimentos e princípios, ordenados metodicamente, de modo a tornar possível a elucidação das normas penais e dos institutos em que elas se agrupam, com vistas à sua aplicação aos casos correntes, segundo critérios rigorosos de justiça"[3].

Trata-se, portanto, de disciplina jurídica que tem por objetivo o estudo das normas jurídico-penais para construir, a partir destas, progressiva sistematização. Em última análise, a ciência penal constitui, como afirma Welzel, uma ciência prática[4], a construção de uma técnica de solução dos casos e problemas penais.

3 – MISSÃO DO DIREITO PENAL

Sustenta-se frequentemente que o estudo da "missão" do direito penal corresponde, em verdade, à investigação dos fins da pena e, portanto, em última análise, de sua legitimação.

Neste sentido, Nilo Batista afirma que uma teoria da pena é sempre uma teoria do direito penal e que discutir o direito penal deveria ser, portanto, discutir os fins da pena[5].

Pensamos, contudo, que se trata de abordagens distintas.

De fato, ao procurar-se a legitimação do direito penal pelos fins da pena faz-se uma opção, apriorística, por determinada corrente filosófica, ou por mais de uma, combinadas de forma simbiótica. Trata-se, assim, de um ponto de partida, orientação programática para a construção de um direito penal legítimo, um "dever ser" colocado para a elaboração, interpretação e aplicação das normas penais.

A questão aqui debatida, no entanto, é outra.

Procuramos perquirir se há, nos diversos "direitos penais", separados pelo tempo e pelo espaço, algo essencial que esteja presente em todos.

Há uma missão, característica deste ramo do direito, que pode ser vislumbrada tanto nas Ordenações Filipinas, no direito penal alemão nazista, como no brasileiro atualmente vigente? É possível encontrar um objetivo comum em "direitos" tão discrepantes?

A nosso ver as respostas a essas questões devem ser afirmativas.

Assim é porque o direito penal, seja qual for a sua época e local de vigência, tem sempre por objetivo a *preservação* do modelo de Estado adotado e, em consequência, dos "bens" que lhe são mais importantes e essenciais. O Direito em geral e o penal em particular são sempre "conservadores", objetivam a manutenção do *status quo* vigente.

O modelo de Estado a se preservar é que implicará um direito penal mais ou menos comprometido com os direitos e liberdades individuais, com os valores efetivamente relevantes e com a sua própria legitimação. Trata-se, portanto, de uma criação do Estado, que tem por missão primeira a sua própria preservação.

Com efeito, no período absolutista, em que o poder estava concentrado nas mãos do monarca e fundado nas "leis divinas", o direito penal visava a preservação deste modelo de Estado e, para tanto, utilizava-se indiscriminadamente do castigo como meio de expiação dos que ousassem infringir e desestabilizar a ordem instituída.

Este Estado inflexível, organizado sob um poder incontestável e não sujeito a qualquer forma de controle – ou críticas – exigia, para a sua preservação, um "direito penal de terror", estruturado em valores *impostos* à sociedade, e não extraídos das relações sociais.

As Ordenações Filipinas, publicadas em 11 de janeiro de 1603, que tiveram vigência em nosso país, no âmbito criminal, até a promulgação do Código Criminal do Império, constituem modalidade típica deste direito penal com finalidade de conservação do poder absoluto. Esta missão do direito criminal então vigente pode ser extraída facilmente de seus dispositivos, face à existência de completa desproporcionalidade entre conduta e sanção, penas infamantes e cruéis e extensão dos efeitos da pena aos descendentes do condenado.

Para tal constatação, basta observar que o delito de maior gravidade deste diploma, que implicava ao seu autor a pena mais severa – morte cruel – tratava-se do crime de *lesa majestade* – traição ao Poder Real -, que se configurava pelo simples fato de alguém, com desprezo ao Rei, quebrar ou derrubar imagem de sua semelhança, ou armas reais, postas por sua honra e memória. A infâmia pela prática do crime, nesta hipótese, transmitia-se até as pessoas dos netos, mesmo ausentes participação ou culpa destes para o delito[6].

De igual modo, os Estados totalitários utilizam-se do direito penal como instrumento de seu autoritarismo, com o fim de conservar as suas estruturas de poder. Logo, não é de surpreender que este modelo de Estado institua penas não como consequência de um resultado lesivo, mas sim da conduta perigosa do indivíduo pela vontade intrínseca, isto é, pela violação moral da ordem que contém. Prescinde-se, por isso, normalmente, de definição clara das diversas espécies de delitos, sendo autorizado o julgador a recorrer à analogia para interpretar uma conduta, considerada dotada de perigosidade ao Estado, como crime.

Como ensina Reale Jr., no Estado nacional-socialista alemão, típico Estado totalitário, afasta-se a segurança jurídica "quando se procura realizar a justiça material, fundada apenas no senso jurídico ou factual da comunidade. Comprova-o a reforma do § 2º do Código Penal, que não só deu possibilidade de analogia no direito penal, como fixou as diretrizes para a interpretação das normas penais, cuja aplicabilidade deveria ser feita segundo o são sentimento do povo", na verdade uma noção que mascara a verdadeira fonte da lei, isto é, a vontade do Führer, do ditador[7].

Também o Estado Soviético, em sua primeira fase, configurou-se como Estado totalitário e instituiu, em seu Código Penal, expressamente, que a função do direito penal era a defesa do Estado de camponeses e trabalhadores durante o período de transição ao comunismo.

Para o exercício dessa defesa estabeleceu-se, primeiro, que deveria ser considerada criminosa toda conduta socialmente perigosa, isto é, toda ação ou omissão dirigida contra o regime soviético ou que importasse atentado à ordem jurídica estabelecida pelo poder dos trabalhadores e camponeses – ditadura do proletariado – para o período de transição à ordem comunista.

Além disso, possibilitou-se a aplicação da analogia – se o ato era socialmente perigoso e não estava previsto especialmente, deveria ser punido conforme os delitos que mais se assemelhassem – e a punição de pessoas por vinculação a meios perigosos ou por seu passado.

No totalitarismo, portanto, há forte sobreposição do Estado em relação ao indivíduo e suas liberdades e, assim, o crime passa a ser compreendido como rebelião da pessoa à vontade normativa do Estado[8].

No Estado democrático de Direito, instituído em nosso país pela Constituição da República de 1988, o direito penal também tem a função de preservar este modelo de Estado. As suas notas características – fundamentos, garantias, objetivos e princípios -, entretanto, têm como ponto de partida o respeito ao ser humano, transformando o poder em instrumento para a sua garantia e plena realização, e não um fim em si mesmo.

Esta distinção de foco do próprio Estado é que permite e orienta a formulação de um direito penal democrático, fundado em bens eticamente relevantes.

A Constituição da República, ao instituir os seus fundamentos, explicita não somente o modelo de Estado a constituir, suas características essenciais, mas também o tipo de Direito – especialmente o penal, cujas bases derivam, em grande parte, da Constituição[9] - a ser formulado pela legislação infraconstitucional.

Neste sentido, pode-se afirmar que os princípios fundamentais não constituem normas meramente programáticas, mas conformadoras e limitadoras das leis penais, tanto no aspecto formal como no material, na medida em que estas, se contrariarem aquelas, estarão eivadas de inconstitucionalidade.

Conforme já afirmado, a pessoa humana, no Estado democrático de Direito, representa o valor supremo, em função do qual deve submeter-se todo o sistema normativo.

Tal conclusão decorre, em primeiro lugar, da adoção da dignidade da pessoa humana como fundamento constitucional (CF, art. 1º, inciso III) e da prevalência dos direitos humanos nas relações estatais (art. 4º, inciso II). Trataremos do conceito e implicações da dignidade humana no capítulo referente aos princípios sistematizadores do direito criminal.

Ao lado da dignidade humana, ainda como fundamento do Estado, encontra-se a cidadania (CF, art. 1º, inciso II), que, neste campo, não se reduz ao conceito técnico-jurídico de nacionalidade no gozo dos direitos políticos, mas possui um sentido mais amplo, pois representa o poder da pessoa de opor-se à interferência indevida do Estado em sua esfera de autonomia e relações, o que, evidentemente, traz consequências redutoras significativas no direito criminal.

Por fim, o pluralismo político (CF, art. 1º, inciso V), estreitamente ligado aos fundamentos já mencionados e a uma série de princípios e garantias individuais (liberdade religiosa e de convicção filosófica ou política, liberdade de expressão, entre outras), significa o reconhecimento por parte do Estado não só da legitimidade, mas também da necessidade de existência de pensamentos, ações e opiniões divergentes – o que constitui a síntese da democracia.

Este reconhecimento, no direito penal, tem profunda relevância, uma vez que veda a utilização deste ramo do direito como instrumento de dominação e opressão das minorias e a criação de tipos de delitos com conteúdo unicamente moral.

Por outro lado, os fundamentos constitucionais e seus princípios e garantias decorrentes orientam a criminalização de condutas que violem gravemente estes valores, preservando, desse modo, a sociedade e o próprio Estado democrático de Direito.

Portanto, como já visto em relação aos modelos autoritários de Estado, também no Estado democrático de Direito tem o direito penal a missão de preservá-lo.

Esta é, sem dúvida, a missão primeira do direito penal; as suas finalidades intrínsecas, entretanto, dependerão do tipo de Estado em que estiver instituído, pois, como bem observa Nilo Batista: "há marcante congruência entre os fins do estado e os fins do direito penal, de sorte que o conhecimento dos primeiros, não através de fórmulas vagas e ilusórias, como sói figurar nos livros jurídicos, mas através do exame de suas reais e concretas funções históricas, econômicas e sociais, é fundamental para a compreensão dos últimos"[10]

II – DOUTRINAS (ESCOLAS) PENAIS

1 – Conceito

O termo doutrina, como sustenta Norberto Bobbio, "firmou- se cada vez mais, como indicador de um conjunto de teorias, noções e princípios, coordenados entre eles organicamente, que constituem o fundamento de uma ciência, de uma filosofia, de uma religião, etc., ou então que são relativos a um determinado problema e, portanto, passíveis de ser ensinados"[11].

As chamadas *Escolas Penais* subsumem-se perfeitamente ao conceito apresentado. Trata-se de sistemas de elaboração e interpretação do direito penal, organizados logicamente, em torno de certos princípios ou ideias fundamentais.[12]

As *escolas penais*, assim, representam a adoção de distintos métodos e objetos de abordagem que se seguem no estudo da disciplina do direito penal, para se chegar ao seu conhecimento e, consequentemente, orientar a sua elaboração.

2 – ESCOLA CLÁSSICA

Como bem observa Frederico Marques, uma "Escola Clássica", organizada como tal, jamais existiu. Esta denominação, aliás, surgiu com Ferri e foi adotada, inicialmente, pelos adeptos do *positivismo*, com intuito eminentemente pejorativo, no sentido de algo antigo, ultrapassado, para indicar os seus opositores e formuladores da doutrina penal anterior.[13]

A referência à Escola Clássica pretende englobar todo o direito penal liberal, anterior ao positivismo, abrangendo tanto o período político, como o período dogmático.

O primeiro período – político -, de oposição e contestação ao absolutismo, teve como seu principal expoente *Cesare Bonecasa*, o Marquês de Beccaria, que com seu manifesto *Dos Delitos e das Penas*, escrito em 1764, iniciou a luta pelos direitos e garantias individuais contra o poder absoluto.

Em sua obra, que orientou toda a remodelação do sistema penal até então vigente, opôs-se Beccaria, de forma veemente, às penas cruéis, à tortura como forma de investigação, à pena de morte e à prisão provisória imotivada, e realçou a necessidade da determinação legal da pena em lei – *princípio da legalidade* – e de sua proporcionalidade em relação ao delito praticado.

O segundo período, dogmático ou prático, teve como principal marca a construção de uma *teoria do delito* e o estudo jurídico dos crimes e das penas em espécie. Sua maior figura, sem dúvida, tratou-se de *Francesco Carrara*, que com sua obra *Programma del corso di Diritto Criminale* estudou todo o direito penal como *ciência jurídica*.[14]

A existência de diversos pontos discordantes entre os pensamentos dos doutrinadores desses períodos, sem dúvida, é algo inquestionável. Nem por isso, entretanto, carece de possibilidade a identificação de uma "escola" penal denominada *clássica*. Ao contrário, a dogmática e os diversos pensamentos penais oriundos do iluminismo e que predominaram no Estado Liberal, efetivamente possuem características essenciais, que possibilitam a visualização de uma "escola", nos termos apresentados no início deste capítulo.

Como características preponderantes da Escola Clássica podemos ressaltar o *método dedutivo lógico-abstrato*, a caracterização do *crime como ente jurídico* e o *livre-arbítrio absoluto* como fundamento da responsabilidade penal.[15]

Por dedução entende-se, como sustenta Miguel Reale: "um processo de raciocínio que implica sempre a existência de dois ou mais juízos, ligados entre si por exigências puramente formais".[16]

Ao utilizar-se do método dedutivo partia a Escola Clássica, aprioristicamente, de princípios gerais, dos quais se deduziam as regras particulares.[17]

Entre estes princípios gerais destacava-se, como fundamental, a concepção do delito como *ente jurídico*. Desta formulação derivava a visão do crime como *contrariedade à lei formal*, à proibição legal, separado da realidade empírica, o que excluía a necessidade de análise do conteúdo da conduta ou da norma aplicável.

Esta construção formalista do delito, como sustenta Juarez Tavares: "mascara o verdadeiro substrato das normas penais, voltado à proteção dos bens jurídicos, fazendo do conceito de delito exclusivamente uma consequência dedutível do sistema jurídico positivo, independentemente de seu conteúdo ou substrato social, o que impede qualquer indagação acerca da validade do próprio sistema".[18]

Mediante o método lógico-abstrato são excluídas quaisquer discussões a respeito do *conteúdo* do direito penal, do porquê da norma proibitiva, em seu aspecto valorativo, material, e procura-se, como afirma Reale Jr., a elaboração da ciência jurídica absoluta e verdadeira, com leis imutáveis.[19]

Complementando o sistema clássico apresenta-se o *livre- arbítrio* como fundamento – único – da responsabilidade penal.

De fato, para a Escola Clássica, como ensina Basileu Garcia, o livre arbítrio constitui um *dogma*[20], o fundamento da culpa moral, sem o qual resta impossível a construção do direito penal.

O livre arbítrio representa a vontade livre e consciente – inteligente – do ser humano, a capacidade para optar, diante dos motivos apresentados, por determinada conduta, inclusive as delituosas.

Disso resulta que a ação criminosa, antes de tudo, trata-se de uma ação *imoral*, pois embora podendo optar pelo certo (legal), o criminoso, dotado de livre arbítrio, pratica a infração à lei do Estado.

3 – ESCOLA POSITIVA

Foi sem dúvida o médico Cesare Lombroso o fundador da Escola Positiva, ao contestar o livre arbítrio do homem como causa criminógena e indicar, como seu fator exclusivo, o *atavismo*, isto é, caracteres hereditários.

Segundo a teoria por ele formulada o homem poderia, em virtude das características adquiridas geneticamente, estar destinado a uma vida de crimes – *criminoso nato*. Identifica Lombroso, como "sinais atávicos", alguns aspectos físicos, tais como a fosseta occipital média, saliência da arcada superciliar, uso predominante da mão esquerda, analgesia (pouca vulnerabilidade à dor) e predomínio da grande envergadura sobre a estatura.

Deve-se a Garofalo e sobretudo a Enrico Ferri, no entanto, a influência da Escola Positiva no direito penal, bem como a sistematização de seus postulados jurídicos, em contraposição aos anteriormente formulados pela "Escola Clássica".

Como caracteres essenciais da Escola Positiva devem ser ressaltados o método experimental ou *indutivo*; a concepção do delito como *fato natural*; a *responsabilidade social* e a pena como medida de *defesa social*.

Na indução ou método indutivo, como sustenta Miguel Reale: "o espírito procede do particular para o geral, constituindo um processo de verdades gerais, partindo-se da observação de casos particulares. É por isso que se declara que a indução é o método por excelência da pesquisa científica, por ser aquele que revela verdades não sabidas, permitindo-nos passar dos fatos às leis".[21]

O método da Escola Positiva era, de fato, indutivo, pois partia de casos particulares, da observação experimental de determinados delitos e criminosos para concluir as causas do crime e classificar os delinquentes em tipos, com validade geral.

Com base nesse método, Enrico Ferri dividiu os criminosos em dois grandes grupos: *habituais* e *ocasionais*.

No primeiro grupo distingue os criminosos com inata tendência para o crime – natos – e aquelas pessoas voltadas ao delito por fatores ambientais.

Quanto aos criminosos ocasionais, são divididos em indivíduos que atuam sob uma influência externa, sem alteração psicológica, e aqueles que agem motivados por uma paixão – passionais.[22]

O delito, afirma Ferri, é sempre fruto de um *determinismo absoluto* – influências endógenas e exógenas, psicológicas e sociais -, contra o qual não pode o sujeito, no momento do fato, fazer uma opção livre segundo os motivos da ação. A ação criminosa, portanto, para o positivismo, em sentido absolutamente oposto ao que sustentava a Escola Clássica, origina-se não de uma livre opção entre vários motivos, mas dos fatores que a influenciam, que tanto podem ser atávicos, como do meio em que vive o seu autor.

Portanto, não é possível considerar o delito como consequência do livre arbítrio humano, mas sim da *"anormalidade"* da pessoa, ainda que temporária, pois o normal é aquele que está plenamente adaptado à vida social.[23]

A culpa moral, pois, é substituída por um critério de periculosidade; o autor do crime é, antes de tudo, um ser perigoso e anormal, que necessita de um trabalho de readaptação social, com o qual a sociedade defende-se dessa periculosidade.

4 – A TERCEIRA ESCOLA

A denominada Terceira Escola ou "Terza Scuola" italiana surgiu, como se depreende de sua própria denominação, com a finalidade de conciliar os postulados das escolas clássica e positiva.

Logo, trata-se da primeira escola penal *eclética*, que converge entre suas características princípios das duas escolas anteriores, com a diretriz de superar os seus extremismos.

Desse ecletismo resulta, primeiro, a não aceitação do livre arbítrio clássico como essência da culpa moral, e nem o determinismo absoluto para a prática do crime. A pessoa, segundo a terceira escola, embora não possua liberdade plena de optar por uma ou outra ação, conforme os motivos apresentados, também não está fadada, por razões endógenas e exógenas, à prática de crimes.[24]

Introduz-se, então, o conceito de *dirigibilidade*, segundo o qual as ações dos indivíduos podem ser *dirigidas* pelos efeitos intimidativos e coativos da pena. Aos sujeitos não dirigíveis – inimputáveis -, não devem ser aplicadas sanções penais, mas somente medidas de segurança, de natureza administrativa.

A pena, por sua vez, não tem apenas o caráter retributivo, mas, essencialmente, como na escola positiva, a finalidade de "defesa social" contra o delito.

Segundo Frederico Marques, os postulados fundamentais da

Terceira Escola podem ser assim sistematizados: (a) respeito à personalidade do direito penal, que os positivistas absorviam na sociologia criminal; (b) causalidade e não fatalidade do crime, e, portanto, exclusão do tipo criminal antropológico; (c) reforma social como dever do Estado na luta contra o crime.[25]

5 – ESCOLA TÉCNICO-JURÍDICA

A denominada Escola Técnico-Jurídica teve seus postulados apresentados por *Arturo Rocco*, em sua aula inaugural na Universidade de Sassari, em 1910, acerca do *problema do método*.

Segundo esta escola, o objeto do estudo do criminalista deve ser somente o direito criminal vigente, abstraindo-se, portanto, das questões de natureza filosófica.

O direito penal, então, configura-se como uma disciplina autônoma e autossuficiente, paralela e independente das demais ciências criminais.

A escola técnico-jurídica assemelha-se à Escola Clássica; nega, entretanto, o livre arbítrio como fundamento para a responsabilidade penal, substituindo-o pela imputabilidade, consistente na capacidade de entender e querer, e o método puramente dedutivo e lógico-abstrato, realçando a necessidade de construção de um método técnico jurídico, um sistema de princípios de direito penal.

Este sistema abstracionista, contudo, como afirma Reale Jr., lembrando Antolisei[26], leva a uma compreensão do direito como um todo rigorosamente orgânico e reduz a tarefa do jurista apenas ao estabelecimento de conceitos sobre conceitos.

Por ser o sistema de valores mutável e o ordenamento jurídico lacunoso, contudo, cabe ao jurista criticá-lo, visando a sua reformulação e inovação, para adequá-lo à realidade social vigente.

6 – O CORREICIONALISMO

O correicionalismo comporta, em verdade, duas escolas, baseadas em proposições bastante distintas.

A primeira, cujos maiores expoentes foram *Krause* e *Roeder*, assume os caracteres da escola clássica, na medida em que admite o livre arbítrio e, portanto, a responsabilidade moral do autor do crime.

Entende, contudo, que o delito é fruto de uma *má vontade* de seu sujeito ativo, ou melhor, de uma vontade deformada e pervertida, que pode, assim, ser corrigida.

Logo, a pena, para esta Escola, tem por único fim a correção dessa má vontade, motivo pelo qual deve ter duração indeterminada, até que atingida a modificação do ânimo e intenção do agente do delito.

A segunda fase do correicionalismo tem como sua maior figura *Dorado Montero*, que, aderindo às concepções positivistas, sustentou o determinismo, a responsabilidade social pelo delito.

Ora, se não há responsabilidade pessoal, mas social, a sociedade deve propiciar ao delinquente a sua melhora, correção, pois não há homens incorrigíveis, mas incorrigidos.

Como ensinam Zaffaroni e Pierangeli: "O seu pensamento [de Dorado Montero] não pode ser mais claro: já que a sociedade quer proibir determinadas condutas, e os homens não são livres, mas determinados para realizá-las, devem eles ser corrigidos para não incorrer nelas, sendo este um direito dos homens que vivem em sociedade e não da sociedade em si. Daí o nome com que é conhecida a sua teoria: o direito protetor dos criminosos".[27]

7 – ESCOLA HUMANISTA

A denominada Escola Humanista teve como seu fundador *Vicente Lanza*, que plantou as suas bases.

Segundo esta escola o sentimento é o núcleo fundamental da conduta, o que implica a eleição da violação da consciência humana como critério principal para a incriminação de comportamentos.

Com este postulado, subordina o direito penal à moral, pois tudo que lesiona nossos sentimentos morais deve ser considerado crime.[28]

Assim, diante desses critérios, prega uma profunda modificação no sistema penal, com a punição do suicídio, da legítima defesa e do estado de necessidade, por imorais, e, por outro lado, a abolição dos crimes políticos, por amorais.[29]

A pena, para a Escola Humanista, tem finalidade predominantemente educativa, pois, segundo Lanza, "ou é educação ou não tem razão de ser", chegando ao extremo de confundir os conceitos de imputabilidade e educabilidade: o ineducável é inimputável e, portanto, não merecedor de pena.

8 – IDEALISMO ATUAL

Esta escola penal originou-se da corrente filosófica contemporânea denominada idealismo romântico.

Suas principais características: ser *transcendental*, isto é, ligada ao ponto de vista kantiano que fez do "eu penso" o princípio geral do conhecimento; absoluta, pois o "eu" ou o "espírito" é considerado o princípio de tudo, nada havendo fora dele.[30]

De acordo com estes postulados, a escola penal idealista entende que o ato humano pertence ao espírito do homem, é *fruto* deste espírito. Assim, o crime pertence a quem o praticou, independentemente de tratar-se de imputável ou inimputável, devendo por ele ser responsabilizado.

A pena, para o idealismo, possui uma função unicamente educativa, devendo ser individualizada para cada caso, com duração indeterminada.

9 – A LUTA DAS ESCOLAS: ANÁLISE CRÍTICA

Apresentados os essenciais postulados das principais escolas penais, conclui-se que não podemos, diante das estreitas posições assumidas, aderir integralmente a qualquer delas.

De fato, as escolas penais, em sua luta para manter uma posição dominante no cenário penal, pecaram pela incursão em posições radicais e por se tornarem refratárias a qualquer discussão a respeito das proposições assumidas.

Este extremismo, contudo, não se encontra respaldado por qualquer ordenamento penal, pois as mais diversas legislações e doutrinas penais têm optado pelo ecletismo e hibridismo.

Com efeito, não há como se admitir o dogma da Escola Clássica, qual seja, o livre arbítrio *absoluto*, pois o homem não é um ser abstrato e isolado de sua realidade social, mas um ser influenciável por diversos fatores, que pode, diante de determinadas circunstâncias, realizar opções não absolutamente livres; tampouco se trata, por outro lado, como quer o positivismo, de ser sujeito totalmente aos fatores exógenos e endógenos, pois esta assertiva nega qualquer racionalidade à pessoa humana, exatamente o que a diferencia e caracteriza como tal.

O Direito Penal, por sua vez, não pode ser estudado como um fim em si mesmo, separado das demais ciências sociais, pois não se trata de sistema puro, perfeito e imutável. Ao contrário, o direito criminal vigente é fruto do tipo de Estado adotado e do momento histórico vivido, sendo a sua evolução e transformação uma constante histórica, que demanda interpretação e integração não somente técnica.

A luta das escolas, entretanto, como bem observa Jiménez de Asúa, pertence ao passado, pois, mortos os seus expoentes, desapareceram os contrastes insuperáveis.[31]

Nem por isso, contudo, pode-se dizer que não há mais conflitos em matéria de doutrinas penais.

A questão que agora se apresenta e que concentra as divergências refere-se às diversas tendências de política criminal, isto é, de construção e modificação do sistema penal.

Trataremos da matéria em outro capítulo. Por ora, no entanto, basta que deixemos consignado que os conflitos político-criminais têm por objeto, especialmente, o enrijecimento ou flexibilização do direito penal, a sua ampliação ou redução e, em suma, a formulação de um direito criminal com a prevalência do "interesse social" ou que tenha por fundamento o ser humano e o respeito aos seus direitos e garantias individuais.

III – OS FINS DA PENA

1 – Colocação do Problema

A discussão a respeito dos fins da pena é, antes de tudo, como assevera Santiago Mir Puig, valorativa, opinável[32], pois se trata de questão não somente jurídica, mas especialmente política, intrinsecamente ligada às características e funções do Estado.

Assim, impossível a formulação de um conceito absoluto de pena que não seja meramente formal, válido para todos os tipos de Estados, vigentes nas mais diversas épocas.

O que nos interessa neste trabalho, entretanto, não é a formulação de um conceito geral de pena, mas um que encontre adequação ao nosso modelo de Estado, e que possa, a partir da análise de seus fins, responder à seguinte questão: para que serve o direito penal no Estado democrático de Direito?

Analisaremos criticamente, por isso, as principais finalidades já fixadas e adotadas em relação à pena, para então, diante do Estado democrático de Direito, observarmos aquela ou aquelas que encontram adequação a seus postulados jurídicos e políticos, o que levará à formulação de um conceito *material* da pena.

2 – PENA COMO VINGANÇA

Em uma primeira fase, no período dos Estados Absolutistas, o poder, como já vimos no primeiro capítulo, encontrava-se totalmente concentrado nas mãos do monarca e legitimado, inquestionavelmente, por uma concessão divina, pela delegação do poder de Deus ao Chefe do Estado.

A pena, neste modelo de Estado, somente poderia ser vista como *castigo*, como expiação do mal[33], pois se tratando a infração penal de uma desobediência às leis formuladas pelo monarca, consistiria, reflexamente, em uma desobediência ao verdadeiro poder divino e às suas leis.

O criminoso, portanto, equiparava-se ao pecador que devia ser castigado, e a pena, em consequência, ao seu castigo divino, absolutamente justo e inquestionável, por ser fruto desse poder maior.

A sanção penal funcionava como verdadeira *vingança* divina contra o herege, aquele que se insubordinava contra as leis do Supremo Criador.

É nesta concepção de direito penal como vingança divina, de pura expiação, que surgem as penas cruéis, violentas e degradantes, tais como o esquartejamento, a fogueira, a marca de ferro, o suplício e o chicote[34], pois quanto maior a violência imposta ao criminoso, mais teria sido atingida a finalidade da pena, a de vingar-se do mal com o mal.

As Ordenações Filipinas, publicadas em 11 de janeiro de 1603 e que tiveram vigência no Brasil a partir de 29 de janeiro de 1643, constituem exemplo típico desta espécie de legislação penal, de suplício do condenado pela infração ao poder do monarca.

Trata-se de diploma de terror, no qual há completa desproporcionalidade entre conduta e sanção, penas difamantes e cruéis, além de extensão dos efeitos da pena aos descendentes do condenado.

Como pena mais grave nas Ordenações Filipinas encontramos a morte cruel, que importava o suplício do condenado e era aplicada, por exemplo, ao crime de lesa majestade.

À morte cruel somavam-se as penas corporais de morte em fogueira[35], pela qual o indivíduo deveria ser queimado até ser feito em pó; a morte natural; a decepação de membros e o açoite.

Além das penas corporais, largamente utilizado também o desterro para a África, que poderia ser por prazo determinado ou perpétuo.

Logo, no período absolutista, a pena poderia ser conceituada como o mal imposto àquele que afrontava o soberano – e, portanto, Deus -, mediante a realização de uma conduta violadora das leis impostas pelo poder divino.

Esta formulação da pena como terror, conforme já afirmamos, tinha a finalidade última de garantir, por meio da violência estatal, a concentração do poder e a observância, pelos súditos, das normas estabelecidas pelo Chefe de Estado.

3 – FINALIDADE RETRIBUTIVA

Com a Revolução Burguesa e a implantação do Estado Liberal independente da Igreja, adotaram-se os postulados iluministas *liberdade, igualdade* e *fraternidade.*

Tornou-se necessária, assim, a modificação da concepção do conceito e fins da pena, pois não mais poderia ser interpretada como consequência do direito imposto ao homem por Deus.

Logo, iniciou-se a evolução do direito penal para a abolição das penas cruéis e eliminação dos espetáculos públicos para a execução das sanções impostas, que não poderiam conciliar-se com o novo modelo de Estado introduzido.

Abolidas as sanções desumanas[36], as penas de prisão, de reclusão, os trabalhos forçados e a pena de morte ganharam especial ênfase e passaram a ser aplicadas à maioria dos delitos.

Esta tendência pode ser observada com a reformulação do direito penal brasileiro levada a efeito pelo Código Criminal do Império, de 1830.

Como o novo diploma legal foram abolidas as penas cruéis e a arbitrariedade do julgador, conferindo-se maior segurança jurídica aos cidadãos.

É certo que tal abolição não foi completa, pois, em relação aos escravos, manteve-se a previsão e aplicação da pena de açoitamento (art. 60), que evidentemente contraria a dignidade humana.

Esta exceção, todavia, não prejudicou o espírito do novo Código, pois os escravos, até a abolição da escravatura, não eram considerados cidadãos, e nem ao menos sujeitos – plenos – de direitos.

Para o iluminismo o Estado representava a conjunção de esforços de seus membros para viabilizar a vida em sociedade. Esta comunhão de esforços, com o estabelecimento de direitos e deveres, configuraria o "contrato social", o meio para a implantação e asseguramento da ordem da vida em comum.

Como sustenta Bobbio, em sentido amplo o contratualismo compreende todas as correntes políticas que veem a origem da sociedade e os fundamentos do poder político em um contrato, isto é, num acordo tácito ou expresso entre a maioria dos indivíduos, acordo que assinalaria o fim do estado natural e o início do estado social e político. Em um sentido mais restrito, representa uma escola que teve como seus máximos expoentes Hobbes, Locke, Rousseau e Kant, que alicerçava o poder na teoria do consenso[37].

Mais frequentemente, porém, adverte Nicola Abbagnano, o contratualismo é empregado para demonstrar que o poder político deve ser limitado, pois não se trata de uma concessão divina, sobrenatural, mas algo conferido *pelos homens*, para os próprios homens[38].

Ora, se as leis do Estado haviam sido instituídas pela vontade de todos os membros da sociedade, a não obediência a essas normas, a "quebra" do contrato social, provocava a desestabilização da ordem estabelecida, o que demandava uma atuação por parte do Estado.

Para o restabelecimento dessa ordem e para que a culpabilidade do autor do fato não recaísse sobre todos os membros da sociedade, deveria o sujeito que provocou a quebra do contrato, tendo atuado de acordo com o seu livre arbítrio, ser reprimido pelo Estado.

É este o sentido da pena para substancial parcela da Escola Clássica, especialmente para a doutrina italiana, que se encontra sintetizado nas obras de Kant e Hegel, os dois principais teóricos do Estado Liberal.

Par Kant: "Só o direito de talião (*ius talionis*) permite determinar adequadamente a qualidade e quantidade de pena que o delinquente merece, porém com a condição de que o fato seja apreciado por um Tribunal e não pelo juízo privado. Todos os demais direitos são suscetíveis de modulação e não podem concordar com a sentença fundada na justiça pura e estrita, em virtude das considerações estranhas a ela que tais direitos comportam. Se o criminoso cometeu um homicídio, também ele deve morrer (...) se a sociedade civil resolvesse dissolver-se por decisão de todos os seus membros, como se, por exemplo, um povo que habita uma ilha, decidisse abandoná-la e dispersar-se, o último assassino detido em uma prisão deveria ser executado antes dessa dissolução, a fim de que cada um receba o que merece, já que de outro modo o crime de homicídio recairia coletivamente sobre o povo que descuida de impor o castigo; porque então poderia ser considerado partícipe dessa violação pública da justiça"[39].

Com Kant, portanto, a pena assume o caráter de *retribuição moral* ao mal praticado, configura-se medida de *reafirmação da justiça* que não pode ser afastada em nenhuma hipótese, sob pena de considerar-se a sociedade como partícipe do delito perpetrado.

Já para Hegel: "O realmente essencial da pena é que esta seja em si mesmo justa. Nessa ordem das coisas, o fundamental não é tanto que o delito consista na produção de um mal, como que seja a vulneração do direito como tal, e essa é a essência do delito e o que com a imposição da pena se supera. Essa vulneração do direito é o verdadeiro mal que há de fazer-se desaparecer mediante a pena (...) A superação do delito realiza-se, em consequência, mediante a *retribuição*, como vulneração da vulneração do direito e, desse modo, a essência do delito, que tem uma dimensão qualitativa e quantitativa determinada, encontra a sua correlativa negação. Porém essa identidade conceitual não é uma igualdade no específico (igualdade de males), senão uma igualdade essencial à ordem dos valores"[40].

Logo, para Hegel, o direito negado pelo crime é *reafirmado* pela pena que serve a anular a desordem causada pelo delito, restabelecendo a soberania do direito sobre o indivíduo[41]. A pena, assim, por ser a negação do delito, representa a *negação da negação do direito*.

A concepção do Estado liberal, portanto, fundado na teoria do contrato social, acaba por embasar o conceito de pena como *retribuição* do fato reprovável praticado, e serve a restaurar a ordem moral (Kant) ou a ordem jurídica (Hegel), preservando o Estado em sua integridade.

4 – PREVENÇÃO GERAL

Em contraposição às teorias absolutas da pena, de fundo exclusivamente retributivo, surgiu a concepção da pena também fundada no contrato social e, portanto, no Estado Liberal, que lhe conferia não um caráter meramente repressivo, mas, essencialmente, a função utilitária de proteção da sociedade, de prevenção de delitos[42].

Esta teoria da pena, embora não tenha possuído a mesma amplitude e relevância da teoria da retribuição, foi adotada, entre outros, por Beccaria e pela maior parte da doutrina clássica alemã.

A prevenção geral, segundo o seu maior teórico, Anselm von Fuerbach, é obtida pela *coação psicológica*, consistente na cominação da pena para a conduta desvalorada socialmente e na sua aplicação e execução para aquele que incorre na ação criminosa.

A pena passa a possuir como maior função incutir nos membros da sociedade o *medo do castigo*, a partir não somente da previsão legal de sanção para os tipos de crimes, mas também – e especialmente – pelo exemplo conferido com a aplicação e execução desta sanção aos que praticam tais condutas.

Mediante o medo, evita-se que crimes sejam cometidos, pois se cria a *certeza da punição* como lógica consequência da ação desvalorada, suprimindo-se, assim, a força dos impulsos criminógenos como fatores determinantes da conduta. Esta teoria baseada na *intimidação*, como sustenta Roxin, constitui, fundamentalmente, uma teoria da ameaça penal, uma teoria que exige, para atingir o seu efeito, a imposição e execução da pena, pois disto depende a eficácia da ameaça[43].

5 – PREVENÇÃO ESPECIAL

A pena de cunho unicamente retributivo, predominante na Escola Clássica, não serviu a diminuir a criminalidade e muito menos a expurgá-la. A ineficácia da sanção penal baseada somente na retribuição deu ensejo à formação das correntes reformadoras, que surgiram na terceira parte do século XIX, que podem ser englobadas na Escola Positivista.

Fundava-se a Escola Positiva, como vimos, na "luta contra o delito" e para tanto objetivava remover, de modo científico, as causas do crime e da criminalidade.

A remoção destas causas *endógenas* e *exógenas*, deterministas em relação ao delito, somente poderia ocorrer com a extinção da pena e sua substituição pelas *medidas de segurança*, o *tratamento* do delinquente.

Trata-se da *prevenção especial*, segundo a qual a medida penal somente pode ter por fim – e justificativa – evitar que o criminoso pratique novos crimes, seja recuperando-o e readaptando-o à vida social ajustada, de acordo com as normas jurídicas, seja incutindo-lhe o medo de novamente vir a sofrer a sanção penal ou ainda, na impossibilidade das duas primeiras hipóteses, segregando-o da vida social.

O correicionalismo também representou, além da Escola Positiva, justificação da pena – ou medida aplicável ao delinquente

– de cunho preventivo-especial, pois pretendia, em suma, a correção da má vontade do agente do delito (Krause) ou das causas que determinaram a conduta (Dorado Monteiro)[44].

A teoria da prevenção especial, assim como a prevenção geral, tem por finalidade evitar a repetição da conduta criminosa.

A distinção entre ambas, contudo, encontra-se no objeto da pena aplicável: a prevenção geral visa a atuação da pena na comunidade social, pela criação de um temor geral pela sanção, enquanto a prevenção especial busca a atuação em relação ao próprio criminoso, para que não mais volte a incorrer na delinquência.

6 – TEORIAS ECLÉTICAS

Para tentar superar as críticas levantadas contra as teorias absoluta (retributiva) e relativas (preventivas) da pena, passou a formular a doutrina, a partir do século XX, teorias ecléticas dos fins da pena.

Segundo esta nova concepção, aceita pela maioria dos autores modernos[45], não se limita a pena a *reprimir* ou *prevenir* crimes. Ao contrário, ambas as funções são conciliadas e passam a não mais poder ser tratadas de modo dissociado.

Parte-se do pressuposto de que os três fins da pena são legalmente admissíveis e que, de acordo com as particularidades do caso concreto, poderá prevalecer uma ou outra finalidade.

A pena, dessa forma, possui uma função repressiva, consistente na justa reprovação do comportamento ofensivo ao bem jurídico, e funções preventivas, isto é, tem por fins também a intimidação dos membros da sociedade para não incorrerem em condutas delituosas (prevenção geral) e a ressocialização do criminoso (prevenção especial).

7 – FINS DA PENA E ESTADO DEMOCRÁTICO DE DIREITO

As concepções de pena supramencionadas são passíveis de severas críticas, pois não serviram a atingir o principal objetivo a que se dispunham, qual seja, extinguir ou mesmo diminuir a criminalidade.

A par deste defeito, que, por si só, já seria suficiente a excluí-las como fundamento *único* da pena, não se pode deixar de observar que, todas elas, encontram pressupostos contrários aos postulados do Estado democrático de Direito.

A criminalidade e o crime são fenômenos inerentes à convivência em sociedade, de forma que onde houver convivência social, haverá criminalidade. Tais fenômenos, todavia, não possuem apenas consequências imediatas e negativas – embora em sua maior parte o sejam -, pois em alguns aspectos, mediatamente, propiciam a evolução[46] da ética e da vida social, pois representam a contestação dos valores dominantes.

Assim, um conceito de pena que a tome como meio para a *extirpação* do fato crime e da criminalidade estará incorreto em sua origem, pois estes fins jamais serão atingidos pela sanção penal.

A pena deve ter objetivo bem mais modesto. Não pode ser vista como meio para a *extinção*, mas apenas como *um dos* instrumentos de *controle* da criminalidade, apto a mantê-la em limites *toleráveis*, que permitam o normal desenvolvimento das relações sociais e das atividades do Estado.

O equívoco acima apontado é o primeiro que pode ser imputado à teoria da pena com fim único de retribuição.

Com a finalidade unicamente repressiva, sustentavam os seus defensores, até mesmo pela origem filosófica de suas ideias, que a criminalidade seria extinta pela repressão aos seus protagonistas, com o retorno da ordem estabelecida e exclusão de seus desvalores.

Esta pretensão, entretanto, não foi atingida, pois ao contrário do que imaginavam os adeptos das teorias absolutas, a criminalidade não diminuiu.

Esta circunstância já seria suficiente para tornar inválida a teoria da pena como pura retribuição, na medida em que não atingiu e nem se aproximou do único objetivo a que se propôs.

Mas não somente esta crítica deve ser dirigida à concepção retributiva da pena.

A finalidade unicamente repressiva, de "pagamento do mal com o mal", não encontra consonância com os princípios do Estado democrático de Direito, pois necessita, para a confirmação de seu postulado, da infligência de penas contrárias à dignidade humana, como as de morte, prisão perpétua e trabalhos forçados, as quais, embora diante das penas cruéis, em sua primeira fase, tenham representado profunda evolução – e humanização – do direito penal, não escondem, hoje, o seu caráter irracional.

Além disso, a imperiosidade da repressão implica a ausência de qualquer função utilitária da pena, pois esta se torna um fim em si mesma e a execução criminal apenas o instrumento da sociedade para castigar o seu membro desregrado.

Por último, face ao forte conteúdo moral que encerra, não pode a concepção retributiva, fundada no abstracionismo e na lógica formal, diante de condutas objetivamente contrárias ao Direito, admitir hipóteses de desnecessidade de aplicação da sanção penal, tais como os crimes atingidos pela prescrição da pretensão punitiva e comportamentos de lesividade mínima a bens jurídicos.

Uma conduta ilícita é acima de tudo imoral, como sustenta Kant e, portanto, necessita da pronta reprovação social, sob pena da culpa do delinquente recair sobre toda a sociedade.

Este posicionamento, todavia, não pode mais ser admitido, pois a moderna teoria do direito penal não mais o concebe como único instrumento para resolução de todos os conflitos sociais, mas simplesmente como a *última ratio*, a forma extrema de intervenção do poder nas relações individuais, a fim de possibilitar somente a continuidade da sociedade organizada através do Estado.

A concepção retributiva da pena, assim, não encontra adequação ao Estado democrático de Direito, modelo adotado por nossa Constituição da República, e nem apresenta qualquer função utilitária para a sanção penal, retirando a relevância do direito criminal para a evolução social.

As teorias relativas (preventivas) da pena também não estão isentas de críticas.

O maior problema que pode ser imputado à tese da prevenção geral é a sua potencialidade de transformar a legislação penal a ponto de criar um Estado de terror, policial, pois para a proteção de bens jurídicos parte da ameaça, do medo de sofrimento da pena incutido nos membros da sociedade, da *coação psicológica*[47].

A tendência de um Estado que adote a pena com fim único preventivo-geral será a de endurecimento e ampliação de suas leis criminais, com aumento dos limites mínimos e máximos das penas e da severidade de seu cumprimento.

A experiência já demonstrou, contudo, que a maior rudeza da

lei penal não provoca a diminuição da prática de crimes.

Logo, uma concepção de pena somente preventivo-geral não é apta a atingir o objetivo a que se propõe, qual seja, evitar a conduta criminosa e ainda traz consigo forte carga de autoritarismo do Estado, que passa a coagir psicologicamente os membros da sociedade. A isto se soma a circunstância de que o endurecimento das leis penais, após inúmeras experiências frustradas, não mais encontra justificativa.

Mas outra crítica ainda deve ser imputada à teoria da prevenção geral: a de utilizar o destinatário da pena como *meio* para a obtenção dos objetivos do Estado.

Este posicionamento, no entanto, não mais pode ser admitido, pois constitui violação ao princípio da dignidade humana e afronta o Estado democrático de Direito, na medida em que, o seu valor supremo, a pessoa humana, em função da qual deve submeter-se todo o sistema normativo, passa a ser tratado como mero instrumento dos fins do Estado.

A teoria da prevenção especial, por sua vez, também não serve, *isoladamente*, a justificar a imposição de sanções penais aos membros da sociedade.

Em primeiro lugar porque parte do pressuposto de que todas as práticas criminosas têm origem patológica e que seus agentes necessitam de tratamento para que se conformem à ordem de valores vigentes.

Este fundamento, entretanto, não encontra amparo na realidade, pois os delitos, em sua grande maioria, são cometidos por pessoas psiquicamente normais, as quais, de um ponto de vista psiquiátrico, não necessitam de tratamento curativo algum.

Some-se a isso que, em hipóteses, por exemplo, de crimes passionais ou de trânsito, a prática do delito é eventual na vida de seus autores, que provavelmente jamais os repetirão.

Ora, em tais casos, não se legitimaria a imposição de sanção de cunho exclusivamente recuperador, pois o autor do crime, além de estar ajustado à sociedade, possui um prognóstico de vida favorável, probabilidade mínima de reincidir.

Mais grave, no entanto, é o perigo que traz à segurança jurídica e a potencialidade de instituição de uma ditadura dos valores dominantes.

De fato, tendo a teoria da prevenção especial como principal objetivo *evitar* que a pessoa perigosa cometa infrações aos valores socialmente relevantes, sua tendência será, logicamente, a imposição de medidas coercitivas pré-delituais, a fim de prevenir-se que o indivíduo "desviado" cometa o seu primeiro crime, "curando-o" antecipadamente. Tende, portanto, a revogar o princípio fundamental do direito penal democrático, qual seja, o da legalidade para instituição de delitos e penas, substituindo-o pelo princípio ou critério da perigosidade.

Os conceitos de perigo e periculosidade, entretanto, por serem vagos e subjetivos ao extremo, não são aptos a substituir o princípio da legalidade, pois não conferem ao cidadão qualquer garantia de não interferência do Estado em sua intimidade e liberdade de ação. Não podem servir, desse modo, como critérios isolados para a imposição de medidas restritivas da liberdade da pessoa, pois incompatíveis com os princípios do Estado democrático de Direito.

Mas, além disso, a adoção da teoria da prevenção especial como fim único da pena cria o risco de arbitrariedade por parte do Estado, pois se inclinaria a desrespeitar as minorias, ao impor uma escala única de valores e considerar anormais, perigosos e necessitados de tratamento os que com esta não se conformassem[48]. O diferente poderia ser considerado "anormal", perigoso para as relações sociais, estando legitimada, em relação a ele, a imposição de medida corretiva para a "defesa social".

Logo, a teoria da prevenção especial também não está imune a severas críticas, que a tornam incapaz de legitimar, por si só, a aplicação de penas.

Pensamos que para a conceituação da pena e de suas funções mais adequadas são as teorias *ecléticas* ou mistas, as quais admitem não apenas uma finalidade para a sanção penal.

Uma teoria eclética legitimadora da pena, contudo, não pode apenas conjugar, de forma simplista, as teorias absolutas e relativas, pois em tal hipótese, como critica Roxin, os defeitos de cada teoria não se suprimem em absoluto entre si, antes se multiplicam[49].

Assim, no direito penal contemporâneo, que visa à proteção dos valores socialmente relevantes, sem os quais o Estado democrático de Direito não poderia organizar-se como tal, a função "retributiva" da pena deve ser adequada, *complementada* pelo conceito de *proporcionalidade*, entendendo-se por esta que a gravidade da sanção imposta não pode superar a do próprio fato ilícito praticado pelo apenado.

Isto porque, não sendo o direito penal um fim em si mesmo, não se pode admitir que a pena aplicada ao indivíduo acarrete consequências mais lesivas a este – e aos que a ele estão ligados – que o dano social provocado pelo delito.

A culpabilidade/retribuição como medida de pena, portanto, deixa de ser *apenas* a forma de castigo do condenado, de pagamento do mal com o mal[50] - embora esta função, para nós, não possa ser desconsiderada, desde que conjugada com as finalidades preventivas -, para ganhar um aspecto de *garantia* do acusado, no sentido de protegê-lo da aplicação de penas por demais rigorosas e desproporcionais às consequências da violação perpetrada.

Neste sentido deve ser interpretado o art. 59, do Código Penal, ao dispor, em sua parte final, que o juiz, na aplicação da pena, atendendo à *culpabilidade* do agente, a estabelecerá conforme seja *necessário e suficiente* para a *reprovação* do crime.

Também a prevenção geral, pelas críticas já aqui colocadas, não pode mais ser entendida como coação psicológica, a intimidação dos membros da sociedade.

A prevenção geral, no Estado democrático de Direito, passa a ter a função de proteção dos bens jurídicos, na medida em que na lei penal são colocados, de forma clara e sistematizada, quais os valores de maior relevância para a sociedade e para o Estado.

A proteção desses bens tem como real finalidade a preservação do modelo de Estado adotado e da vida social regrada, mediante a exposição inequívoca de quais os valores mais relevantes na ordem vigente.

Reafirma o Estado, com a criação de espécies de delitos os seus elementos essenciais. Esta tipificação, aliada à previsão de penas, funciona como uma *advertência* das consequências que podem advir da violação de sua estrutura valorativa.

Também a prevenção especial não se trata da "ressocialização", imposição de um modo de vida ao condenado para que se reintegre à sociedade.

Como já afirmamos, a imposição da ressocialização tende à arbitrariedade, pois não admite o livre desenvolvimento da pessoa, que tem o direito de escolher o modo de condução de sua própria vida.

Esta liberdade de escolha, inclusive, deve possibilitar a opção pela inserção no campo da criminalidade, ressalvando-se, contudo, a *responsabilização* daqueles que se dirigirem a tal opção.

A prevenção especial, assim, respeitada a liberdade de pensamento e de opção da pessoa humana, consiste na colocação à disposição do criminoso de meios capazes de provocar a sua (re)integração à vida social ordenada, numa *oportunidade* conferida ao condenado, que dela poderá aproveitar-se ou não, de acordo com a sua liberdade de escolha.

As funções da pena podem ser melhor observadas durante as suas três fases, isto é, cominação, aplicação e execução.

Na cominação, a sociedade, democraticamente, por meio de seus representantes, isto é, os legisladores, diz quais são os valores de maior relevância social e realiza a prevenção geral, mediante a proteção de bens jurídicos fundamentais. Esta proteção ocorre com a elaboração de tipos penais e a advertência de que os que eventualmente neles incorrerem sofrerão as sanções proporcionais previstas para as condutas selecionadas.

Na aplicação da pena cominada, o Estado-juiz *reafirma* que o bem jurídico atingido pelo crime continua a ser um valor socialmente relevante, digno de proteção penal, e aplica a seu autor a sanção, observado o princípio da proporcionalidade. Nesta média, embora, evidentemente, em contexto distinto do proposto, poderia ser admitida a afirmação de Hegel, de que a pena é a negação da negação do Direito.

Por fim, na execução penal realiza-se, se necessário, a prevenção especial, conferindo-se ao condenado oportunidade para que abandone a criminalidade e reintegre-se à sociedade.

Este último objetivo está expressamente previsto pela Lei de Execução Penal (Lei n. 7.2010 de 11 de julho de 1984), que dispõe, em seu art. 1º: "A execução penal tem por objetivo efetivar as disposições da sentença ou decisão criminal e *proporcionar condições para a harmônica integração social do condenado e do internado*". (g.n.)

8 – CONCEITO DE PENA

A pena, seja qual for a sua natureza, implica a restrição ou privação de seu sujeito passivo do gozo de suas liberdades, ou melhor, de bens juridicamente protegidos.

A pena, portanto, importa sempre uma interferência do Estado, com maior ou menor rigor, na esfera de atuação do condenado, uma *limitação* em sua condição de sujeito de direitos.

As três espécies de penas previstas em nosso ordenamento jurídico – privativa de liberdade, restritivas de direitos e multa – possuem esta característica essencial.

Assim, a pena privativa de liberdade representa, conforme a sua própria denominação, a *privação* da pessoa de sua liberdade de ir e vir, de forma mais ou menos rígida, de acordo com o regime prisional aplicado, e dos direitos que são consequências imediatas dessa liberdade, tais como o convívio pleno com a família, a possibilidade de exercício de qualquer trabalho e a capacidade de utilização livre de seu tempo.

As penas restritivas de direitos, por sua vez, atingem outras liberdades de agir do condenado, diversas da liberdade de locomoção, como, por exemplo, o exercício de determinada atividade, permitindo a continuidade da vida de seu sujeito passivo em sociedade, preservando-se o exercício de seu trabalho e a convivência familiar[51].

Por fim, a pena de multa representa a limitação imposta ao pleno gozo do patrimônio do condenado, na medida em que o seu valor fixado em sentença deve ser, obrigatoriamente, revertido ao Fundo Penitenciário.

Logo, vistas a característica essencial da pena, a de limitar a esfera de liberdade da pessoa, e suas finalidades no Estado democrático de Direito, podemos formular o seguinte conceito: *pena é a privação ou restrição de bens jurídicos, aplicável ao autor do delito, que não pode ser desproporcional ao dano social causado pela infração penal e que tem por principais funções a proteção dos valores fundamentais e possibilitar ao criminoso condições para reinserir-se na vida regrada em sociedade.*

IV – PRINCÍPIOS SISTEMATIZADORES DO DIREITO CRIMINAL

1 – CONCEITO DE PRINCÍPIO

Antes de discorrermos sobre os *princípios elementares* ou *sistematizadores* de Direito Penal, objeto do estudo que ora se inicia, devemos elaborar e expor um conceito mesmo de princípio, com o objetivo especial de respondermos a duas questões essenciais: o que é? Qual a sua função?

A isto nos dedicaremos nesta breve introdução.

Em seu sentido etimológico a expressão *princípio* encerra o significado de origem, início, começo, regra a seguir, norma.[52]

Nas ciências, contudo, os princípios não se resumem ao conceito supramencionado.

Miguel Reale, com a clareza e profundidade que lhe são peculiares, define o princípio como: "verdades ou juízos fundamentais, que servem de alicerce ou garantia de certeza a um conjunto de juízos, ordenados em um sistema de conceitos relativos a dada porção da realidade. Às vezes também se denominam princípios certas proposições que, apesar de não serem evidentes ou resultantes de evidências, são assumidas como fundantes da validez de um sistema particular de conhecimentos, como seus pressupostos necessários".[53]

Transportado este conceito para o Direito, podemos afirmar que os princípios constituem os vetores do sistema jurídico, pois além de conferir-lhe estrutura, apontam para determinado sentido ou direção que devem ser seguidos pela legislação hierarquicamente inferior a ser elaborada.

Representam, assim, as regras estruturais que proporcionam a coesão entre as normas do sistema ou, como sustenta Maurício Antonio Ribeiro Lopes, citando Bandeira de Melo, "mandamento nuclear de um sistema, verdadeiro alicerce dele, disposição fundamental que se irradia sobre diferentes normas, compondo-lhes o espírito e servindo de critério para sua exata compreensão e inteligência, exatamente por definir a lógica e a racionalidade do sistema normativo, no que lhe confere à tônica e lhe dá sentido harmônico".[54]

Humberto Ávila bem explica que os princípios "são normas cuja qualidade frontal é, justamente, a determinação da realização de um fim juridicamente relevante, ao passo que a característica dianteira das regras é a previsão do comportamento".[55] E prossegue o citado autor: "Isso permite que o aplicador saiba, de antemão, que tanto os princípios quanto as regras fazem referência a fins e a condutas: as regras preveem condutas que servem à realização de fins devidos, enquanto os princípios preveem fins cuja realização depende de condutas necessárias".[56]

Os princípios encontram-se para a legislação penal e seus institutos como as fundações para a edificação: conformam e sustentam o que sobre eles é erigido, de modo que a retirada de qualquer dos alicerces ou a efetivação da obra fora dos padrões estabelecidos implicará o comprometimento de toda a construção. Bem por isso assevera Hugo de Brito Machado: "O princípio jurídico tem grande importância para o hermeneuta. Na avaliação e aplicação dos princípios jurídicos é que o jurista se distingue do leigo, que tenta interpretar a norma jurídica com conhecimento simplesmente empírico".[57]

No Estado democrático de Direito, instituído por nossa Constituição Federal, os princípios penais fundamentais, além da função sistematizadora do direito criminal, têm também, como finalidades essenciais, a garantia do ser humano contra a ingerência demasiada do Estado nas relações sociais, por meio do direito penal, e a limitação à exacerbação do poder punitivo.

Restringimos, por isso, como objeto deste capítulo, os princípios que reputamos *primários* – e por isso dizemos *elementares* - no sistema de direito penal e que possuem essas características. São eles: (a) legalidade; (b) lesividade; (c) culpabilidade; (d) dignidade humana; (e) pessoalidade e (f) individualização da pena.

Estes princípios são os que sintetizam toda a *estrutura* do direito penal, servindo-lhe de alicerces e que fornecem a conformação da ordem legislativa relativa a esta disciplina.

A gama de princípios de direito penal, evidentemente, não se limita aos enunciados. Entretanto, não se pode deixar de assinalar que muitos dos princípios do direito penal, em verdade, constituem meros *desdobramentos* dos princípios elementares, o que exclui a necessidade, diante do escopo da obra – evidentemente introdutório -, de sua discriminação para análise.

Apenas a título de exemplo, podemos citar o princípio da fragmentariedade, que decorre da legalidade, e o princípio da subsidiariedade, consequência de um direito penal que exija, conjugadamente, a legalidade e a lesividade da conduta.

Também o propalado princípio da intervenção mínima poderia ser considerado fruto dos princípios da legalidade e lesividade, embora, como veremos, trate-se mais de um princípio de política criminal não intervencionista que propriamente de um princípio de direito penal.

Antonio Carlos Santoro Filho

Passemos, portanto, aos princípios em espécie

2- PRINCÍPIO DA LEGALIDADE

2.1. Liberdade e Legalidade

A Liberdade, sob um primeiro plano, consiste nas possibilidades de escolhas garantidas aos cidadãos – as denominadas liberdades públicas[58] -, que, apesar de não ilimitadas, devem ser sempre observadas – em algum grau, nos termos da lei - e constituem defesas contra o poder estatal.

Neste sentido, como sustenta Nicola Abbagnano, embora no mundo moderno a liberdade seja uma questão de medida, de condições e de limites, representa, para os cidadãos, a "possibilidade de escolher sempre. Um tipo de governo não é livre simplesmente por ter sido escolhido pelos cidadãos, mas se, em certos limites, permitir que os cidadãos exerçam contínua possibilidade de escolha, no sentido da possibilidade de mantê-lo, modificá-lo ou eliminá-lo. As chamadas instituições estratégicas da liberdade [liberdades públicas], como a liberdade de pensamento, de consciência, de imprensa, de reunião, etc., têm como objetivo de garantir aos cidadãos a possibilidade de escolha no domínio científico, religioso, político, social, etc. Portanto, os problemas da liberdade no mundo moderno não podem ser resolvidos por fórmulas simples e totalitárias (como seriam as sugeridas pelos conceitos anárquicos ou necessaristas), mas pelo estudo dos limites e das condições que, num campo e numa situação determinada, podem tornar efetiva e eficaz a possibilidade de escolha do homem".[59]

O limite à liberdade, no Estado democrático de Direito, somente pode ser imposto pela Lei.

Luiz Moreira, a nosso ver de forma correta, ensina que "o legislador, usando do meio de organização que é o Direito, ordena situações sociais. E é através da positividade que tais ordenações são traduzidas. A legalidade possibilita aos sujeitos de direito um alívio em relação às decisões éticas a serem tomadas, uma vez que os modos de comportamento são expressos através das leis. Ou seja, as inclinações privadas são protegidas pelos limites estabelecidos em lei, através da sanção sobre comportamentos desviantes, por conseguinte, sobre aqueles comportamentos que se afastam da conduta tida como lícita. Assim, o Direito moderno introduziu as categorias de responsabilidade e de culpa".[60]

Embora se sustente, por vezes, que o princípio da legalidade encontra as suas origens ainda na época medieval, especialmente no direito ibérico e na magna carta inglesa de 1215, indubitavelmente deve-se ao iluminismo a sua conquista como princípio universal.

Com efeito, a ilustração, como movimento reformador do Estado, em reação ao absolutismo político, que submetia os súditos ao império da vontade do monarca, pugnou pela limitação do poder em benefício da autonomia do indivíduo, da liberdade[61].

O liberalismo político, portanto, como sustenta Roxin, constituiu o momento historicamente mais importante para o assentamento do princípio da legalidade, pois "tornou possível uma limitação do poder punitivo [e, especialmente, impositivo] do Estado e, com isto, a segurança da liberdade individual".[62]

Em nosso ordenamento jurídico, o princípio da legalidade em sentido amplo encontra-se previsto pelo art. 5º, inciso II, da Constituição Federal, o qual dispõe que "ninguém será obrigado a fazer ou deixar de fazer alguma coisa senão em virtude de lei".[63]

Mediante este princípio, subordina-se toda a atividade estatal ao império da lei, de forma que a intervenção pública nas relações humanas e na regulação dos valores sociais somente pode realizar-se de acordo com os processos de criação de normas constitucionalmente estabelecidos.

Neste sentido, pode-se afirmar que em todos os ramos da vida social, ao indivíduo, como decorrência do princípio da legalidade, não pode ser imposta qualquer conduta (ação ou omissão), se não estiver a providência determinativa do Estado fundamentada, adequada ao modelo trazido pela norma legal. A imposição não motivada, ainda que reflexamente na lei, constituirá constrangimento ilegal do Poder Público contra a pessoa, passível de correção por remédios constitucionais, como o mandado de segurança e o *habeas corpus*.

O princípio, portanto - como anota Nagib Slaib Filho -, tem dois prismas: "para o Estado, a legalidade, isto é, somente estará autorizado a agir quando incidente a hipótese legal; para o indivíduo, a legalitariedade ou liberdade, consistente em poder fazer tudo o que a lei não proíbe".[64]

No que se refere ao direito penal, preferiu o legislador constituinte *especializar* o princípio da legalidade[65], ao dispor, no inciso XXXIX, do mesmo art. 5º, da Constituição Federal, que "não há crime sem lei anterior que o defina, nem pena sem prévia cominação legal".

Esta norma constitucional foi repetida pelo legislador ordinário no art. 1º, do Código Penal, constituindo, assim, um princípio orientador de toda a legislação penal brasileira.

A função precípua da legalidade penal - como sustenta Maurício Antonio Ribeiro Lopes - pode ser definida como uma garantia dada ao homem contra o Estado[66].

Logo, tem a natureza jurídica de uma garantia constitucional, instituída para a preservação da liberdade de agir do ser humano.

Mediante este princípio constitucional, assegura-se a certeza da ordem e da igualdade jurídica[67], bem como o exercício legítimo e motivado do poder, repelindo-se o arbítrio e o abuso da atividade pública, entendida esta última em seu sentido amplo.

Como especialização da legalidade geral e fundamento do direito penal moderno, a legalidade penal também encerra uma noção de garantia dos direitos do indivíduo contra o Estado. Tratando-se o direito penal, todavia, do último instrumento de controle social, com sérias consequências no plano da liberdade individual, possui o princípio da legalidade nesta matéria uma maior amplitude, que se consubstancia em seus princípios decorrentes, que a seguir analisaremos.

2.2. PRINCÍPIO DO ATO

O aspecto objetivo da responsabilidade pessoal, ou, como preferimos, *princípio do ato*, impõe que responda o indivíduo, perante a lei penal, não pelo que é, mas pelo que fez – ações ou omissões.

O fundamento constitucional deste princípio encontra-se no próprio princípio da *legalidade geral*, que dispõe como objeto da lei a regulação de *ações ou omissões*, o fazer ou deixar de fazer alguma coisa (Constituição Federal, art. 5º, inciso II).

A lei, para o indivíduo, somente pode obrigar à realização ou não de certo ato, a *fazer* (no sentido amplo) algo, e não a *ser* de algum modo.

Tanto é assim que a Constituição Federal, entre os direitos individuais, garante a inviolabilidade da liberdade de consciência e de crença (art. 5º, inciso VI), de convicção filosófica (art. 5º, inciso VIII), da intimidade e da vida privada das pessoas (art. 5º, inciso X), com o que afasta, por completo, a possibilidade de incriminação ou apenamento pela conduta de vida ou por determinada manifestação - não lesiva - da personalidade.

A responsabilidade penal, portanto, pressupõe, como decorrência do princípio da legalidade, uma *ação ou omissão do indivíduo*, e não um simples estado de perigosidade social.

A ação humana é o primeiro elemento do conceito analítico de delito, pois todo crime pressupõe um comportamento humano contrário ao Direito (ilícito), na medida em que a sensibilidade do direito penal a lesões fisicamente derivadas de animais ou de coisas (fatos jurídicos em sentido estrito) é nula[68]. O objeto das normas penais é, efetivamente, como sustenta Welzel, o comportamento humano[69].

Inexiste crime sem conduta, como resta claro da leitura do art. 13, *caput*, do Código Penal.

O Direito não se importa com a "maldade" ou "bondade" – intrínseca - do homem. O único campo de atuação do Direito é o do "comportamento humano". Os sentimentos, assim, *apenas quando ligados* aos comportamentos podem ter relevância.

O Direito, desse modo, não pretende moldar moralmente o homem, transformá-lo verdadeiramente. Basta-lhe, para ser considerado eficiente, que logre alterar – ou evitar – as condutas humanas socialmente desajustadas e modificar – ou controlar – os indivíduos no que se refere às suas condutas para com os demais.

Para o Direito, portanto, não importa se o homem, em seu plano interno, no seu "querer", na sua imaginação e pensamentos seja, por exemplo, um "homicida". O que lhe interessa – e essa é a sua função precípua – é que tais pensamentos ou "vontades" não se concretizem de fato; e, se se concretizarem, a sanção terá por finalidade ressaltar que o "bem jurídico" atingido continua a manter a sua posição de valor socialmente relevante.

Logo, o que se passa *somente* no mundo interior de cada ser humano, o que está reservado ao âmbito da alma ou do espírito e não se reflete nas relações sociais, não é atingido pelo Direito – que não é apto e nem pretende intervenção desta natureza.[70]

Como já sustentava Samuel Pufendorf, lembrado por Artur Kaufmann, os deveres para com Deus e para com a bondade só interessam, respectivamente, à religião e à moral. Os deveres jurídicos, por sua vez, que resultam da razão, o são para com a sociedade e independem da religião e da moral.[71]

O princípio do ato, portanto, constitui o primeiro corolário do princípio da legalidade e exige que o crime tenha por *conteúdo* determinada *conduta*, e não o *caráter* do homem ou a sua *periculosidade latente.*

2.3 - LEGALIDADE ESTRITA

Como segundo desdobramento do princípio da legalidade em matéria penal temos a indispensabilidade da *lei em sentido estrito*, formal, para a criação de delitos, formulação ou agravamento de penas.

Diante deste postulado, somente poderá o Estado elaborar uma espécie de delito ou de sanção por meio de *lei*, seguindo-se o processo legislativo adequado.

Veda-se, deste modo, qualquer outra forma de nascimento de hipótese delitiva ou sancionatória penal, não se admitindo, assim, que se realize por medidas provisórias ou decretos do Poder Executivo, ou ainda pela interpretação e criação judicial.

A razão desta limitação encontra-se nos fundamentos constitucionais da soberania e da cidadania, e no princípio da divisão de Poderes, essencial à democracia.

Isto porque - como sustenta Roxin[72] - "a aplicação da pena representa tal ingerência na liberdade do cidadão, que a legitimação para determinar seus pressupostos somente pode residir na instância que representa o povo como titular do poder do Estado: o parlamento como corpo legislativo eleito".

Com efeito, somente o Poder eleito pelo povo para elaborar e modificar o ordenamento jurídico, de forma permanente, tem legitimidade para extrair, das relações sociais, os bens jurídicos de maior relevância e elaborar, a partir destes, os delitos e as sanções aplicáveis às condutas danosas intoleráveis. Os Poderes Executivo e Judiciário, dadas as suas funções, não possuem competência e nem legitimidade para tanto.

2.4. LEGALIDADE ESCRITA

A segunda consequência do princípio da legalidade consiste na impossibilidade de criação de delitos e de penas, ou de agravação destas, pelo Direito consuetudinário, isto é, os costumes.

Como ensina Damásio E. de Jesus[73], os costumes representam o conjunto de normas de comportamento obedecidas de maneira uniforme e constante, em virtude da conscientização coletiva de sua obrigatoriedade.

Trata-se, portanto, da reiteração constante e uniforme de uma regra de conduta, com a convicção de sua necessidade jurídica[74].

Além de não servirem de fonte imediata do direito criminal, de criação de espécies de crimes e de penas, os costumes também não se prestam a revogar leis penais incriminadoras ou sancionatórias, pois - como ensina Assis Toledo - a simples omissão e tolerância indevidas de algumas autoridades em reprimir determinados delitos não basta para revogar, pelo desuso, a norma penal[75].

Isto não significa, entretanto, que os costumes não possuam relevância em matéria criminal.

Ao contrário, a sua função integradora e interpretativa é essencial ao conhecimento e ao juízo de subsunção de condutas a determinadas espécies de crimes.

De fato, na descrição de delitos, não raramente utiliza-se o legislador, além de elementos de pura verificação pelos sentidos – elementos *descritivos* -, de outros, denominados *normativos*, que necessitam, para a sua real compreensão, de um profundo juízo de valoração jurídico-penal.

Os elementos normativos culturais, nos quais se inserem os costumes como critério de interpretação, são os que exigem uma real valoração por parte do intérprete, que deve conferir-lhes o próprio e adequado sentido à análise do crime.

Resultam da experiência ética do povo e devem ser interpretados de acordo com essa ética e com o momento histórico vivido. Sofrem, por isso, uma evolução constante, devendo o julgador estar atento a estas modificações para realizar a valoração de acordo com os padrões, costumes vigentes.

Karl Engisch, ao discorrer sobre estes elementos, assenta que a função dos conceitos normativos, em boa parte, é permanecerem abertos às mudanças de valorações. O órgão aplicador do direito tem de averiguar quais são as concepções éticas efetivamente vigentes, sendo a sua própria valoração do caso apenas um elo na série de muitas valorações igualmente legítimas.

A valoração própria, portanto, constitui *apenas uma parte do conhecimento*, e não o último critério deste[76].

São exemplos de elementos normativos culturais os conceitos "obsceno", do delito "ato obsceno" (art. 233, do Código Penal); "libidinoso" (art. 213, do mesmo diploma legal); e "artifício", no estelionato (art. 171, do Código Penal).

Para a compreensão destes conceitos, deve o julgador realizar um juízo de valor profundo, apreendendo, da ética e dos costumes vigentes, as suas reais significações.

Com efeito, um beijo apaixonado em praça pública - que poderia, na década de quarenta, ser considerado um ato ofensivo ao pudor público - não passa, na atualidade, de algo inserido na normalidade social, impunível, portanto, em razão do crime de ato obsceno.

Da mesma forma, face à evolução dos costumes, não se equivalem os conceitos de "ato libidinoso", vigentes há 50 anos e na atualidade.

Assim, para concluirmos, podemos afirmar que os costumes não podem ser tomados para criar delitos e penas, para agravar as sanções aplicáveis ou para revogar normas penais, embora representem, por se tratar o direito penal de uma *ciência dinâmica*, dados relevantes para a interpretação de determinadas espécies de delitos.

2.5. ANTERIORIDADE E IRRETROATIVIDADE

A anterioridade e irretroatividade da lei penal possuem, em nosso ordenamento jurídico, relevância constitucional, pois previstas pelo art. 5º, incisos XXXIX e XL, da Constituição Federal, os quais dispõem que não há crime sem lei anterior que o defina, nem pena sem prévia cominação legal, e que a lei penal não retroagirá, salvo para beneficiar o réu.

Destes dispositivos depreende-se que, para a criminalização e apenamento de uma conduta, não basta a existência de uma *lei*, devendo esta ser existente, *válida* e *eficaz* em momento anterior ao comportamento[77].

Às leis penais, assim, concede-se apenas a possibilidade de incriminar e sancionar *condutas posteriores*.

Esta interpretação, ainda que não fosse expressa a exigência de lei anterior pela Constituição Federal e Código Penal, seria consequência lógica do princípio da legalidade em sentido amplo, pois ninguém é obrigado a abster-se de uma ação, senão em virtude de lei, que, logicamente, deve existir ao menos no momento anterior à prática da conduta.

A garantia da anterioridade é complementada pela irretroatividade da lei penal mais gravosa, pois, como assevera Maurício Antonio Ribeiro Lopes: "O princípio da legalidade estaria sendo indubitavelmente violado com o reconhecimento de uma norma penal incriminadora, se esta viesse emprestar relevância penal a fatos com fundamento em norma que não existia no momento em que os fatos teriam sido perpetrados. Assim, na feliz expressão de Bettiol, entraria pela janela o que se pretendia despejar pela porta".[78]

De nada valeriam, portanto, os princípios da legalidade e da anterioridade da lei penal, se por leis posteriores pudesse o Estado incriminar e sancionar mais severamente condutas já praticadas em momento pretérito. Perder-se-ia todo o substrato de garantia destes princípios, pois a segurança de estar praticando uma ação lícita, em determinado momento, poderia ser atingida pela elaboração de uma norma posterior, que passasse a considerar aquele comportamento criminoso e passível de punição.

Logo, a anterioridade e irretroatividade da lei penal mais gravosa constituem exigências do princípio da legalidade, sem as quais este perderia a sua principal função, qual seja, a de limitação ao poder de interferência do Estado nas vidas dos cidadãos.

2.6. RETROATIVIDADE BENÉFICA

2.6.1. Abolitio criminis

Por *abolitio criminis* entende-se a promulgação de lei que deixa de considerar como criminosa conduta antes valorada negativamente, tipificada legalmente pelo ordenamento jurídico-penal.

Cuida-se - como anotam Silva Franco e outros -[79], "de hipótese de supressão da figura criminosa, por ter o legislador considerado que a ação, antes prevista como delituosa, não é mais idônea a ferir um bem jurídico que pretende tutelar *[ou que esta lesão não é grave o suficiente, diante do princípio da subsidiariedade, para a intervenção penal, havendo outros instrumentos para a sua prevenção]*. Com a descriminalização [ou descriminação] do fato, não teria sentido o prosseguimento da execução da pena, nem a mantença das sequelas penais da sentença condenatória".

A *abolitio criminis* opera-se tanto com a revogação, pura e simples, expressa ou tácita, da lei penal, como com a introdução de novo elemento essencial ao tipo penal, pouco importando, na hipótese, se o elemento especial, irrelevante na tipificação anterior, encontrava-se presente no fato antigo.

Isto porque a introdução de elemento *ex novo* especial no tipo implica o rompimento da continuidade típico-normativa entre as leis penais, independentemente da presença do elemento especial no fato antigo, com a consequente despenalização da conduta pretérita.

Neste sentido posiciona-se Américo A. Taipa de Carvalho, para quem: "Com a entrada em vigor da lei nova, que adicionou um novo elemento ao tipo legal da lei antiga, o facto praticado na vigência da lei antiga – preencha, ou não, o elemento da lei nova – fica despenalizado, se o elemento adicionado constituir um elemento essencial".[80]

Revogada a lei penal incriminadora, extingue-se a punibilidade do agente, nos termos do art. 107, inciso III, do Código Penal, operando-se, ainda, a extinção dos efeitos da sentença penal condenatória, previstos pelos artigos 91 e 92, ambos do Código Penal.

2.6.2. LEX MITIOR

A proibição da irretroatividade da lei penal, decorrência do princípio da legalidade, não compreende a da lei penal mais favorável, que, ao contrário, constitui, por previsão constitucional, uma garantia individual.

Por "lei mais benigna" entende-se aquela que deixa de considerar a conduta como criminosa (*abolitio criminis*), passa a impor pena menos rigorosa ou de menor duração – qualitativa ou quantitativamente inferior -, considera novas circunstâncias atenuantes, cria condições de procedibilidade ou objetivas de punibilidade, ou amplia as possibilidades de alternativas penais - suspensão condicional da pena, livramento condicional, penas substitutivas.

A lei posterior, em nosso entender, somente pode ter aplicabilidade ao fato após adquirir plena eficácia, isto é, com a sua entrada em vigor. Antes disso, exatamente pela ausência de *eficácia* da lei nova, há mera *expectativa* de aplicabilidade.

Nem se diga que este posicionamento implicaria iniquidade, tratamento desigual dos sujeitos à mesma situação jurídica, pois, com a entrada em vigor da lei mais benigna, a sua incidência será imediata, ainda que na fase de execução da pena.

Questão que se coloca no tocante ao princípio da retroatividade da lei penal mais benéfica é se, diante do conflito de proposições de duas ou mais leis, contendo preceitos mais favoráveis ao acusado, pode o juiz simplesmente combiná-los.

Damásio Evangelista[81] e Frederico Marques[82] afirmam que sim, pois se o juiz pode aplicar o todo de uma ou de outra lei para favorecer o acusado, não há por que não possa escolher parte de uma ou de outra para o mesmo fim, aplicando o mandamento constitucional. Entendimento contrário, segundo estes autores, constituiria formalismo jurídico em contraposição à Constituição, o que é inadmissível.

Em sentido próximo, embora apenas em hipóteses excepcionais, posiciona-se Basileu Garcia[83].

Entendemos, contudo, que não há como prevalecer o argumento acima exposto.

Isto porque se o juiz simplesmente, na aplicação da lei penal, combinar os preceitos benéficos de duas ou mais leis (revogadora e revogada), estará extrapolando a sua função jurisdicional e interpretativa para transformar-se em legislador, elaborador de uma nova norma (*lex tertia*). Esta atividade, entretanto, face ao princípio constitucional da divisão de poderes, pertence ao Poder Legislativo e não ao Judiciário.

Com esta orientação a 1ª Turma do STF indeferiu *habeas corpus* em que condenada por crime de tráfico de drogas praticado sob a vigência Lei 6.368/76 pretendia fosse aplicada à sua pena-base a causa de diminuição prevista no art. 33, § 4º da Lei 11.343/2006 ("*§ 4o Nos delitos definidos no caput e no § 1o deste artigo, as penas poderão ser reduzidas de um sexto a dois terços, vedada a conversão em penas restritivas de direitos, desde que o agente seja primário, de bons antecedentes, não se dedique às atividades criminosas nem integre organização criminosa.*"). Aduziu-se, de início, que a sentença condenatória considerara diversos fatores que afastariam a diminuição da pena, tais como maus antecedentes, quantidade de droga apreendida, entre outros. Destacou-se, ademais, que a nova lei majorou a pena mínima aplicada a tal crime de três para cinco anos, daí o advento da referida causa de diminuição. Por fim, considerou-se não ser lícito tomar preceitos isolados de uma e outra lei, pois cada uma delas deve ser analisada em sua totalidade, sob pena de aplicação de uma terceira lei, criada unicamente pelo intérprete. Declarou-se, ainda, o prejuízo do pedido de substituição da pena privativa de liberdade por restritiva de direitos.[84]

O plenário do Supremo Tribunal Federal, contudo, chamado a deliberar a respeito da matéria, em um primeiro momento não chegou a uma conclusão definitiva – o que demonstra o grau da controvérsia -, pois o julgamento do RE 596152/SP (Rel. orig. Min. Ricardo Lewandowski, Rel. p/ o acórdão Min. Ayres Britto, j. em 13.10.2011) resultou em empate.[85]

Em um segundo momento, entretanto, o Supremo Tribunal Federal, no julgamento do Recurso Extraordinário n. 600817, que teve repercussão geral reconhecida, em 07.11.2013, acabou por pacificar a questão ao adotar a tese nesta obra sustentada e a impossibilidade da combinação de leis. Extrai-se do voto do Min. Relator Ricardo Lewandowiski que, embora a retroação da lei penal para favorecer o réu seja uma garantia constitucional, a Lei Magna não autoriza que partes de diversas leis sejam aplicadas separadamente em seu benefício. A aplicação da minorante prevista em uma lei, portanto, combinada com a pena prevista em outra, criaria uma terceira norma, fazendo com que o julgador atue como legislador positivo, o que configuraria uma afronta ao princípio constitucional da separação dos Poderes.

Some-se a isto que - como afirma Nelson Hungria - "não se pode tomar parte do todo, pois os dispositivos de uma lei se completam e se condicionam mutuamente, entrosando-se num sistema orgânico e irrepartível, e é, de todo, incurial que se destaque um deles como ser autônomo, truncando-se tal sistema".[86] No mesmo sentido o pensamento de Pietro Nuvolone: "Para estabelecer qual a norma mais favorável é preciso fazer referência tanto ao preceito primário de conduta, quanto ao preceito secundário ou sancionador: em última análise, às consequências aflitivas que, com base nas duas normas em questão, possam advir ao particular pela aplicação de uma ou outra norma; deve-se, pois, fazer uma avaliação global e não fragmentária".[87] Com efeito, extrair alguns dispositivos, de forma isolada, de um diploma legal, e outros dispositivos de outra lei implica alterar por completo o seu espírito normativo, criando um conteúdo diverso do previamente estabelecido pelo legislador.[88]

Assim, no conflito de leis, deverá o juiz optar pela que for mais benigna em seu conjunto, aplicando, se o caso, a retroatividade da lei mais benéfica ou a irretroatividade da mais gravosa.[89] Esta a orientação adotada, também, de forma pacífica pelo Superior Tribunal de Justiça, tanto que sintetizada em sua súmula n. 501: "É cabível a aplicação retroativa da Lei 11.343/2006, desde que o resultado da incidência das suas disposições, na íntegra, seja mais favorável ao réu do que o advindo da aplicação da Lei n. 6.368/1976, sendo vedada a combinação de leis".

2.7. TAXATIVIDADE

A taxatividade, que preferimos denominar de *princípio da tipicidade*, implica que, para ser plenamente atendido o princípio da legalidade, não basta a existência de uma lei incriminadora em sentido vago, devendo o legislador, na previsão de delitos, determiná-los por meio de tipos penais, descrevendo-os de modo certo e inconfundível[90].

Como ressaltado por Reale Jr.[91], a tipicidade revela "a elaboração científica e técnica do princípio *nullum crime sine lege*, exercendo de forma mais segura a função de garantia".

O tipo constitui o modelo legal de comportamento no qual estão inseridas determinadas características, que tornam a conduta relevante em matéria penal.

Admitida a tipicidade como exigência da legalidade penal, conclui-se que em matéria criminal não pode o legislador utilizar-se de fórmulas genéricas, que não permitam ao destinatário da lei o pleno conhecimento da matéria de proibição.

Assim, vedada está, por exemplo, no âmbito penal, a incriminação de condutas lesivas ao patrimônio por meio de previsão semelhante ao disposto no art. 186, do Código Civil.[92]

Com efeito, ao legislador penal não é permitido traduzir em lei que comete crime todo aquele que, por ação ou omissão voluntária, negligência ou imprudência, viole direito ou cause prejuízo a outrem, ficando sujeito às sanções previstas, pois tal formulação contraria a finalidade do princípio da legalidade, isto é, garantir o indivíduo contra a ingerência indiscriminada do Estado.

Para proteger o valor patrimônio, ou qualquer outro, a lei deve valer-se da tipicidade penal, dos modelos de condutas que constituem as mais graves violações aos bens jurídicos selecionados e que são intoleráveis ao convívio social ordenado.

Logo, são tipificadas, de forma precisa, condutas como o furto (art. 155, do Código Penal), o roubo (art. 157, do Código Penal), o dano (art. 163, do Código Penal) e o estelionato (art. 171, do Código Penal); para a caracterização da tipicidade, indispensável é a subsunção da conduta a todos os elementos previstos no modelo abstrato.

De igual modo, não pode o legislador penal dispor em lei que constitui crime dos funcionários [servidores] públicos contra a Administração Pública, qualquer conduta que viole os deveres impostos nos respectivos estatutos.

Embora a violação constitua, em regra, uma infração disciplinar, apenas as mais graves, previstas por tipos de injusto – como, por exemplo, a corrupção passiva (art. 317, do Código Penal) e a prevaricação (art. 319, do Código Penal) - estarão carregadas de ilicitude penal.

Valendo-nos novamente das lições de Pietro Nuvolone: "Realmente, a forma mais fácil de evitar o princípio da legalidade é recorrer a normas legislativas, de tal forma elásticas, que permitam uma pluralidade indiscriminada de interpretações, praticamente transformando o juiz em árbitro - de acordo com as suas próprias convicções -, das mais variadas aplicações da lei, inevitavelmente diferentes de caso para caso. O preceito deve ser, é óbvio, formulado de modo geral e abstrato, cabendo necessariamente ao juiz a tarefa de adaptá-lo ao caso concreto; nesse sentido, a indeterminação é exigência insuprimível. Mas o que não se pode admitir é a indeterminação que já opera a nível de preceito geral e abstrato, e não em relação ao caso concreto:

de modo a não se poder estabelecer *a priori* o que é comandado ou vedado, abrindo-se caminho para um direito judiciário"[93].

A segunda implicação do princípio da tipicidade é a vedação da analogia em matéria penal no tocante à criminalização de condutas e imposição de penas.

A analogia consiste em estender a uma hipótese particular semelhante as conclusões postas pela observação de um caso correlato ou afim, em um raciocínio por similitude[94]. Trata-se, portanto, de uma operação mental de aplicação de um dispositivo legal a um fato não regulado pelo legislador, que possua, contudo, circunstâncias de coincidência com a situação regulada.

Diante da vedação à analogia, não pode o julgador, por exemplo, aplicar as penas previstas no art. 155 do Código Penal (furto) àquele que subtrai coisa de outrem apenas para utilizá-la, devolvendo-a ao local de origem, nas mesmas condições.

Isto porque, para a configuração do crime de furto, indispensável que a subtração seja "para si ou para outrem", isto é, que a coisa saia do patrimônio do dono, sendo deslocada ao do furtador ou de terceiro.

A subtração para mera utilização temporária, "furto de uso", não encontra adequação à norma incriminadora, que não pode, portanto, ser aplicada a este comportamento pela analogia.

A vedação da analogia, contudo, refere-se apenas aos preceitos incriminadores e punitivos, não se impondo às normas favoráveis ao sujeito, como as excludentes de crime e as atenuantes.

A analogia *in bonam partem* é admitida pela maioria da doutrina e da jurisprudência, pois não há, em relação a esta, as restrições e objeções imputadas à analogia *in malam partem*.

De fato, a extensão das causas excludentes do crime e atenuantes de pena[95], antes de constituir uma ameaça à segurança jurídica proporcionada pelo ordenamento penal, representa a realização de *justiça*, pois permite que o sujeito se beneficie de circunstâncias já expressamente reconhecidas pelo legislador como justificantes de determinados comportamentos ou caracterizadoras de uma necessidade de menor pena.

Assim, a nosso ver, pela aplicação da analogia *in bonam partem*, a isenção de pena prevista ao cônjuge que auxilia o autor de crime a subtrair-se à ação de autoridade pública (art. 348, § 2º, do Código Penal) deve ser estendida ao companheiro ou companheira do sujeito ativo do delito, que com ele viva em união estável, pois as razões que determinaram a não incidência da sanção – afetividade, sentimento familiar – estão igualmente presentes na hipótese não expressamente prevista pelo legislador.

Contrária ao princípio da legalidade, portanto, é apenas a analogia *in malam partem*, que, desse modo, encontra-se proscrita do nosso ordenamento jurídico.

A analogia, contudo, não se confunde com a interpretação analógica, pois nesta o legislador, efetivamente, quis compreender a conduta não expressamente descrita.

Por "interpretação analógica" entende-se a utilização, pela lei, de expressões nas quais se encerram todos os comportamentos desvalorados no momento da elaboração da norma penal, tais como "outro meio fraudulento", no estelionato (art. 171, do Código Penal), e "qualquer outra causa", constante do art. 217-A, § 1º, do Código Penal.

A interpretação analógica não é vedada no direito penal, pois seria impossível ao legislador descrever todas as hipóteses da norma penal incriminadora.

A distinção entre analogia e interpretação analógica - como sustenta Damásio[96] - consiste em que: "Na primeira, não é vontade da lei abranger os casos semelhantes; na segunda, a própria lei, após definir a fórmula casuística, menciona os casos que devem ser compreendidos por semelhança (...) É, pois, da vontade da lei abranger os casos semelhantes".

No mesmo sentido Gimbernat Ordeig: "A interpretação analógica se apresenta quando, para solucionar as dúvidas sobre o alcance de uma norma penal, recorremos à comparação com normas que regulam casos similares. O resultado da interpretação analógica não pode estar nunca em contradição com o sentido literal possível", ou seja, o caso concreto deve caber "perfeitamente dentro das palavras empregadas pela lei".[97]

Em termos próximos o posicionamento de José Miguel Zugaldía Espinar: "A interpretação extensiva das leis penais é perfeitamente lícita e compatível com o princípio da legalidade penal, já que a mesma comporta a aplicação mais ampla possível da lei, porém até onde o consente e o permite um sentido literal possível do texto da lei".[98]

2.8. NORMAS PENAIS EM BRANCO

Questão correntemente colocada é se, diante das exigências impostas pelo princípio da legalidade, podem ser admitidas no ordenamento jurídico-penal normas penais em branco.

Normas penais em branco próprias[99] - ou como entendemos mais adequado, tipos penais em branco - são aquelas que possuem um vazio em seu conteúdo, cuja compreensão fica delegada a uma norma complementar de natureza regulamentar.

Assim é, por exemplo, o tipo de omissão de notificação de doença, previsto pelo art. 269, do Código Penal, cujo juízo de subsunção do comportamento depende da verificação, em regulamentos expedidos pelo Ministério da Saúde, sobre a obrigatoriedade, ou não, da notificação da doença constatada.

Também os tipos penais da "lei de tóxicos" apresentam-se como "em branco", pois são consideradas entorpecentes as substâncias assim especificadas pelo Serviço Nacional de Fiscalização de Medicina e Farmácia, em ato administrativo próprio.

A nosso ver os tipos penais em branco não constituem, em regra, violação ao princípio da legalidade, pois as normas complementares, como já dito, têm natureza meramente regulamentar; não criam hipóteses delitivas, preceitos sancionadores, já previstos em lei, mas apenas os especificam.

Além disso, as normas complementares são, no mais das vezes, fruto de divisão de competência estabelecida pela própria Constituição Federal, ou necessidades técnicas, não havendo, assim, que se falar em inconstitucionalidade dessas modalidades típicas.

Se ultrapassada esta concessão meramente regulamentar, contudo, conferindo-se a outro Poder, que não o Legislativo, a faculdade de criar hipóteses de delitos, estará a norma, fatalmente, eivada de nulidade, pois contrária aos requisitos da legalidade estrita e da taxatividade.

2.9. LEGALIDADE E MEDIDAS DE SEGURANÇA

São as medidas de segurança providências privativas ou restritivas da liberdade do indivíduo, inimputável ou "semi-imputável", autor de um fato penal e objetivamente típico, impostas pelo Estado-juiz, que têm um caráter eminentemente curativo, assistencial e preventivo-especial.

Com a reforma da Parte Geral do Código Penal de 1984, que adotou o sistema vicariante (impossibilidade de aplicação cumulativa de penas e medidas de segurança ou imposição destas últimas aos imputáveis), em substituição ao sistema do duplo binário (viabilidade da cumulação), não pode mais ser interpretada como penal, pelo menos em um sentido *material*, a natureza jurídica das medidas de segurança.

Isto porque - sem embargo do entendimento contrário - não têm elas caráter sancionatório, não derivam da culpabilidade do agente, não observam qualquer proporcionalidade em relação à gravidade do fato praticado – mas sim em relação à periculosidade do indivíduo – e não implicam absolutamente qualquer efeito preventivo-geral.

Além disso, como sustentam Zaffaroni e Pierangelli: "Não se pode considerar penal um tratamento médico e nem mesmo a custódia psiquiátrica. Sua natureza nada tem a ver com a pena, que desta se diferencia por seus objetivos e meios. Mas as leis penais impõem um controle formalmente penal (...)".[100]

Possuem as medidas de segurança, assim, natureza dúplice: formalmente caracterizam-se como institutos do sistema punitivo, por serem aplicadas e controladas pelo juiz penal, e em virtude de necessitarem, para a sua imposição, da ocorrência de uma conduta objetivamente definida como crime; materialmente, entretanto, não se vislumbra este caráter penal, pois não podem ser caracterizadas como sanções[101], não possuem prazos máximos de duração[102] e têm finalidade substancialmente curativa e assistencial. Materialmente, dessa forma, são as medidas de segurança institutos de natureza *essencialmente administrativa*.

Diante desta colocação, de se questionar: o princípio da legalidade dos crimes e das penas é aplicável, também, às medidas de segurança?

Em relação à necessidade de lei em sentido estrito, de não cabimento dos costumes para a sua formulação e da taxatividade, não há dúvida a respeito de sua incidência.

O mesmo não se pode dizer, contudo, com referência à anterioridade, em que pese as respeitáveis posições de parcela significante da doutrina em sentido oposto.

Isto porque, ao contrário do regime anterior, não têm mais as medidas de segurança, como já afirmamos, caráter punitivo, mas meramente curativo, de prevenção quanto à periculosidade dos inimputáveis e "semi-imputáveis".

Logo, não se trata de *gravidade de sanção*, mas do tratamento mais adequado[103], que, portanto, deve ser reputado sempre mais benéfico ao seu sujeito passivo.

Como afirma Assis Toledo: "em relação às medidas, de caráter puramente assistencial ou curativo, estabelecidas em leis para os inimputáveis, parece-nos evidentemente correta a afirmação de sua aplicabilidade imediata, quando presente o estado de perigosidade, ainda que possa apresentar-se mais gravosa, pois re-médios reputados mais eficientes não podem deixar de ser ministrados aos pacientes deles carecedores só pelo fato de serem mais amargos ou dolorosos".[104]

3. O PRINCÍPIO DA LESIVIDADE

3.1. Conceito

A Escola Clássica, como vimos, cujos postulados gerais predominaram, em nosso direito penal, pelo menos até a reforma da Parte Geral de 1984, concebia o delito como "ente jurídico". Desta formulação derivava a visão do crime como contrariedade à lei formal, à proibição legal, absolutamente separado da realidade empírica, o que excluía a necessidade de análise do conteúdo da conduta ou da norma aplicável.[105]

A elaboração do princípio da lesividade decorreu do abandono desta posição meramente formalista do direito penal, que se satisfazia com a apresentação do conceito de delito como infração à lei formal do Estado, "a prática da conduta prevista em lei como delito".

Este conceito formal de crime, sintetizado pelo princípio da legalidade, embora seja imprescindível à segurança jurídica, não é suficiente, no moderno direito criminal, à caracterização do evento criminoso.

Como temos sustentado, o crime não constitui apenas uma infração formal, mas, especialmente, *uma violação da esfera jurídica alheia*, uma *lesão a bem jurídico de outro sujeito*.

Logo, a norma jurídica somente deve conter uma ameaça de sanção penal em sua estrutura, quando tiver por finalidade a proteção de bens jurídicos.

Neste sentido a profícua lição de Juarez Tavares[106]: "A norma delimitadora não vale por si mesma. Para valer, além da exigência quanto ao procedimento democrático de sua elaboração – princípio da legalidade -, será preciso que justifique a incriminação sob ponto de vista de seus efeitos sociais (...) essa incriminação deve, por sua vez, ter por referência um determinado efeito, que não será o efeito de sua infração, como quer a teoria sistêmica [*funcionalismo*], mas o efeito de lesão, que pode ser produzido pela conduta proibida ou mandada".

Esta é a essência do princípio da lesividade: a conduta humana só pode caracterizar um delito, se representar uma ofensa (lesão efetiva ou colocação em perigo) a um bem jurídico de outrem; não havendo esta ofensa, o legislador não está legitimado a intervir nas relações humanas mediante o direito penal.

A nosso ver, o princípio da lesividade tem como suas raízes constitucionais os incisos II, III e V, do art. 1º, da Constituição Federal.

Com efeito, a *cidadania* (inciso II), erigida a *fundamento* do Estado democrático de Direito, conforme afirmamos no início desta obra, possui um sentido político mais amplo que seu mero conceito técnico-jurídico – nacional no gozo dos direitos políticos de votar e ser votado -, pois representa, por um lado, o poder do indivíduo de opor-se à interferência indevida do Estado em seu âmbito de autonomia e relações - e indevida é a interferência quando não embasada na proteção de um bem jurídico - e, por outro, o direito de exigir a observância dos direitos e garantias constitucionais delas decorrentes, bem como de participar e de contribuir para a construção do Estado democrático de Direito. Trata-se, portanto, como sustenta Ana Maria D`Ávila Lopes, de um direito que demanda a "participação política ativa e direta do indivíduo na vida da sua sociedade – e não apenas como exercício do direito político de eleger e ser eleito – [e que] está ainda mais contundentemente prevista no inc. II do art. 1º da Constituição Federal de 1988, no qual a cidadania é vista como um dos fundamentos do Estado Democrático brasileiro. Sendo assim, a cidadania passa a ser um direito que torna todo cidadão um protagonista na construção da sua própria história, e não apenas um simples espectador".[107]

O pluralismo político (inciso V), por sua vez, estreitamente ligado às liberdades individuais (de expressão, de opinião, de convicção religiosa, filosófica ou política), constitui o reconhecimento por parte do Estado não só da *legitimidade*, como também da *necessidade* de existência de posicionamentos, opiniões e ações divergentes -síntese da democracia. Garante o direito à diferença e preserva as minorias - aspecto positivo - e veda a incriminação ou intervenção do Estado contra simples atitudes internas ou morais do homem - aspecto negativo[108]. O pluralismo obsta o principal vício do *utilitarismo*, que consiste na extrapolação do indivíduo para a sociedade, no sacrifício sem compensações da minoria pela satisfação da maioria.[109]

Representa o pluralismo político, em suma, a expressão do "caráter não monista da sociedade brasileira, onde coexistem em permanente relação mútua, classes e grupos sociais, econômicos, financeiros, culturais e ideológicos de variadas nuanças e gradações contínuas. O pluralismo político propicia a existência de uma sociedade plural"[110], pois pressupõe o *diálogo*, que encerra o princípio da tolerância e com o qual se aprende a liberdade de respeitar e de suportar outros pontos de vista e a propor os próprios, sem procurar impô-los.[111]

O pluralismo, no entanto, não se confunde com *atentados* a bens e valores alheios, com o desrespeito à lei e à ordem democrática. "Quando a democracia está em perigo, a tolerância pode tornar-se suicida".[112]

Também não há de se confundir o direito à diversidade, base do pluralismo democrático, com a diversidade de direitos por razões étnicas, econômicas ou culturais, que o aniquila. "Na sociedade pluralista se respeita a multiplicidade de identidades étnicas, mas também se permite a combinação polimorfa, de tal modo que o pertencimento a uma genealogia não determina obrigatoriamente a limitação a uma só língua, a uma religião ou a uma ideologia, mas permite múltiplas configurações pessoais que transformam as identidades étnicas tradicionais".[113]

Por fim, a dignidade humana (inciso III) implica a eleição do ser humano como ponto de partida de toda atividade estatal; o poder transforma-se em instrumento para a sua garantia e plena realização, e não um fim em si mesmo. Não havendo riscos de lesão a bens jurídicos do ser humano, assim, não há legitimidade do Estado para agir mediante o uso do direito penal.

O princípio da lesividade, portanto, integra-se ao princípio da legalidade, completa-o como critério para a formulação de hipóteses delitivas.

Para que estas colocações alcancem o seu real significado e conteúdo, no entanto, deve ser formulado um conceito de bem jurídico e esclarecidas as suas funções, ao que a seguir nos dedicaremos.

3.2. CONCEITO DE BEM JURÍDICO

Um conceito material de delito pressupõe que a norma jurídica somente deve conter uma ameaça de sanção penal em sua estrutura, quando tiver por finalidade a proteção de bens jurídicos. O crime, sob o aspecto material, representa uma *violação significativa* de um bem juridicamente protegido.

Se esta assertiva não encontra grandes divergências na doutrina, o mesmo não ocorre com a elaboração de um conceito de bem jurídico, apto a garanti-la, pois muitas são as definições oferecidas.

Para Muñoz Conde[114], o bem jurídico é um valor que a lei quer proteger de ações que possam lesá-lo, "uma qualidade positiva que o legislador atribui a determinados interesses. A qualidade de bem jurídico, portanto, é algo que a lei cria e não alguma coisa que lhe seja pré-existente".

Welzel[115] sustenta que "bem jurídico é um bem vital da comunidade ou do indivíduo, que por sua significação social é protegido juridicamente".

Em sentido próximo posiciona-se Garcia-Pablos: "Bens jurídicos são bens vitais, fundamentais, para o indivíduo ou a comunidade, que precisamente ao serem tutelados pelo direito, convertem-se em bens jurídicos". [116]

Cobo del Rosal e Vives Antón, apoiando-se em Rocco, definem o bem jurídico como todo valor da vida humana, protegido pelo Direito.[117]

Roxin[118], por sua vez, após sustentar que um conceito de bem jurídico vinculante sob o aspecto político-criminal, somente pode derivar dos valores contidos na Lei Fundamental, acaba por formular o seguinte conceito: "os bens jurídicos são circunstâncias dadas ou finalidades que são úteis para o indivíduo e seu livre desenvolvimento, no marco de um sistema social global, estruturado sobre a base dessa concepção dos fins, ou para o funcionamento do próprio sistema".

Para nós, a elaboração de um conceito material de bem jurídico deve ter por finalidade principal vincular as escolhas de criminalização do legislador ordinário a algum critério de aferição, um mínimo objetivo.

Desta finalidade mais se aproximam as teorias constitucionais do bem jurídico, para as quais o conjunto de valores constitucionais deve funcionar como limite instransponível ao legislador ordinário, no sentido de que jamais deve haver contraste entre sistema constitucional de valores e sistema penal.[119]

Com efeito, o bem jurídico não pode ser interpretado apenas como *interesse* juridicamente protegido, pois qualquer lei, mesmo as não penais, protegem múltiplos interesses.

Admitindo-se este conceito, permite-se que uma lei penal venha a ser elaborada pela simples existência de um interesse, ainda que este, ou sua violação, não possuam nenhuma relevância social.

Do ponto de vista de um direito penal como *ultima ratio*, de modo diverso deve ser conceituado o bem jurídico: somente poderão ser suscetíveis de proteção pelo direito penal as funções socialmente relevantes, necessárias à estruturação da sociedade e do Estado, sem as quais estes organismos não seriam capazes de existir ou subsistir.

Mas onde se encontra a seleção destes valores?

Certamente não pode ser na lei ordinária, como pretende Muñoz Conde, pois se a lei "criasse" o bem jurídico, não haveria qualquer critério limitador da atuação legislativa em matéria penal.

Além disso, estaríamos diante de um impasse: somente devem ser criminalizadas as ações lesivas a bem jurídicos; os bens jurídicos, no entanto, apenas surgem quando tutelados pela norma penal. Confundir-se-iam a fonte e seu produto.

Por serem estes valores imprescindíveis à estruturação da sociedade e do Estado, só podem estar contidos, discriminados, na Constituição Federal, de forma que o ilícito penal há sempre de configurar "uma significativa lesão de um valor constitucionalmente relevante".[120]

A Constituição, ao instituir o Estado democrático de Direito, estabeleceu os seus valores fundamentais; o direito penal ocupar-se-á da proteção destes valores e dos que deles forem decorrentes.

Surgem, portanto, como bens jurídicos principais, a vida, a liberdade, a igualdade, a segurança e a propriedade (Constituição Federal, art. 5º, "caput") e, como secundários, já que derivados e compreendidos pelos principais, mas também protegidos pela Constituição, valores como, por exemplo, a saúde, a intimidade e a honra.

O bem jurídico, assim, sob uma perspectiva constitucional, pode ser conceituado como: *a função relevante da vida social, constitucionalmente positivada, sem a qual a sociedade e o Estado teriam prejuízos às suas estruturas*.

Isto não significa que a criação dos "valores" sociais relevantes seja decorrente da atuação legislativa. Em verdade, eles preexistem na sociedade, são frutos do momento histórico, da experiência do ser humano e da vivência ética do povo. Não são postos, "dados" aprioristicamente à sociedade para serem des-cobertos, mas forjados nas relações sociais.

O legislador, contudo, que representa a sociedade por força da divisão de Poderes, inerente à democracia, "transforma" estes valores, conferindo-lhes relevância jurídica e "cria", assim, os bens jurídico-penais mediante o processo de elaboração das normas constitucionais. Nem todo valor constitui um bem jurí-dico, mas todo bem jurídico traz, em si, um valor de significação social positiva.

3.3. FUNÇÕES DO BEM JURÍDICO

Dentre as funções que exerce o bem jurídico no direito penal, há quatro que reputamos essenciais e, por isso, dignas de maiores considerações. São estas: (a) sistematizadora; (b) de individualização da pena; (c) limitadora pré-legislativa; (d) delimitadora da incidência da tipicidade (núcleo material do injusto típico).

3.3.1. Função Sistematizadora

A função sistematizadora ou sistemática consiste em representar o bem jurídico o "elemento classificatório decisivo na formação dos grupos de tipos da parte especial do Código Penal"[121], e das leis penais especiais.

Assim, são agrupados e elencados, de forma clara, os crimes contra a vida (Título I, Capítulo I, do Código Penal), contra a liberdade individual (Título I, Capítulo IV, do Código Penal), contra o patrimônio (Título II, do Código Penal), etc., de modo a observar-se o princípio da fragmentariedade do direito penal.

A função sistemática facilita o conhecimento do injusto pelos destinatários da lei penal, e o mister de interpretação pelos operadores do direito.

3.3.2. FUNÇÃO DE INDIVIDUALIZAÇÃO DA PENA

A função auxiliar de individualização da pena está prevista pelo art. 59, do Código Penal, ao dispor que o juiz, no estabelecimento da sanção, observará, entre outras circunstâncias, as consequências do crime.

Compreende-se, aqui, que a fixação da pena-base tem por um de seus fundamentos a gravidade da ofensa imposta ao bem jurídico protegido pela lei penal.

3.3.3. LIMITAÇÃO PRÉ-LEGISLATIVA

Admitindo-se o conceito de bem jurídico aqui sustentado, excluem-se, desde logo, do direito penal, quaisquer tipos de injusto que não contenham, como seus núcleos materiais, a ofensa a valores constitucionalmente relevantes.

Com efeito, o direito penal não pode servir como instrumento de imposição da moral dominante; vedado está ao legislador formular hipóteses delitivas de conteúdo puramente moral, pois não representam o dano social necessário para a drástica intervenção estatal nas relações sociais.

Inexistindo possibilidade de lesão a bem jurídico, não pode haver atuação do direito penal, pois este "nem está legitimado nem é adequado para a educação moral dos cidadãos".[122]

Evita-se, deste modo, que o direito penal sirva de instrumento de repressão ao livre desenvolvimento das personalidades dos cidadãos, de interferência na sua intimidade e vida privada. Por outro lado, preservam-se as finalidades do Estado democrático de Direito, pois "o exercício pelos cidadãos, do direito de livre escolha, deve ser protegido como um valor em si, contra o qual não pode, *prima facie*, ser oposta interferência".[123]

Veda-se, assim, a possibilidade de aplicação do direito penal a simples atitudes internas do homem, a suas ideias, sentimentos e aspirações, bem como a comportamentos que, embora em um aspecto moral sejam desaprovados pela maioria, não implicam qualquer lesão na esfera jurídica de outrem.

Isto porque a moralidade, como sustenta Bustos Ramírez[124], "está na cabeça de um ou mais indivíduos, e o bem jurídico na realidade social, no conflito social, no desenvolvimento da pessoa através da satisfação de suas múltiplas necessidades".

É certo que os valores intrínsecos aos bens jurídicos têm uma fonte subjetiva, consistente na busca do espírito humano pela felicidade (cuja forma varia de acordo com o tempo e o espaço) – ou, como preferimos, da realização de sua dignidade.

Nem por isso, entretanto, os valores são forjados apenas pelas atitudes internas do homem, exteriorizadas pelas condutas. Ao contrário, na formação histórica dos valores há, também, uma fonte objetiva, representada pelas relações sociais e pela busca da coletividade pelo aprimoramento da vida em comum.

Deste "justo meio termo", como dizia Aristóteles, embora em outro sentido, da tensão e ao mesmo tempo conciliação entre o querer individual e o social, nascem a cultura e seus valores e, dentre estes últimos, são selecionados os bens jurídicos pelo processo legislativo constitucional.

A função vinculante do bem jurídico, portanto, obsta que o legislador, por exemplo, incrimine condutas como o suicídio e sua tentativa, o homossexualismo entre adultos ou a autolesão, pois estes comportamentos não representam ofensa a valores constitucionais de terceiros.

Neste sentido, preserva o bem jurídico, como ensina Nilo Batista, o "direito à diferença" de práticas e hábitos das minorias, que não podem ser criminalizados. [125]

3.3.4. FUNÇÃO DE NÚCLEO MATERIAL DO INJUSTO

A quarta função exercida pelo bem jurídico é a de exigir, para a caracterização de um delito, a efetiva lesão ao valor constitucional protegido, que constitui, portanto, o elemento material do tipo penal.

Indispensável é a verificação da ofensa (lesão ou perigo) ao bem jurídico protegido, para que o comportamento, além de formalmente, seja também materialmente típico. E isto porque, repita-se: "A conduta humana somente poderá ser um injusto punível se lesionar um bem jurídico".[126]

Com efeito, se o tipo penal, como afirmamos, é elaborado em função de um valor, e tem por finalidade principal protegê-lo, não se poderia compreender a interpretação de uma conduta como típica quando o valor, o bem jurídico protegido, não foi sequer colocado em perigo por essa conduta.

Ora, se não houver ofensa ao valor tutelado pela norma penal, a conduta, ainda que em seus aspectos objetivos esteja adequada ao modelo legal, nenhuma relevância terá para o direito penal, sendo a sua atipicidade a única conclusão possível.

Desta forma, para que haja subsunção ao tipo penal de falsificação de documento público (art. 297, do Código Penal), não basta a simples adulteração do documento. Imprescindível é que a falsificação seja capaz de iludir terceiros, tenha potencialidade lesiva.

Em hipótese de adulteração grosseira, sem idoneidade moral,

ou se o documento jamais tiver a potencialidade de ser utilizado, inexistirá a tipicidade da conduta, por ausência de dano à fé pública. Embora o comportamento seja formalmente típico, a ausência de lesão ao bem jurídico protegido tem por consequência a sua atipicidade material.

De igual modo, para que reste tipificado o crime de furto, a coisa subtraída deve possuir algum valor econômico, e sua retirada da esfera de disponibilidade da vítima representar um prejuízo, um dano patrimonial.

Ausente o dano patrimonial, não se tipifica o crime de furto, por não ocorrência do elemento material do tipo penal, de ofensa ao bem jurídico constitucionalmente protegido.

Como auxiliar interpretativo desta função do bem jurídico, elaborou Claus Roxin o "princípio da insignificância"[127], com o objetivo de excluir, desde logo, do âmbito penal, as lesões de importância mínima.

O acerto da proposição vem sendo cada vez mais admitido pela doutrina e pela jurisprudência, pois o direito penal, por sua natureza subsidiária, de *ultima ratio*, somente deve ir até onde seja necessário à real proteção dos bens jurídicos[128], não podendo ocupar-se de ofensas inexpressivas aos valores tutelados.

Logo, não podem ser consideradas típicas condutas que provocam insignificantes lesões a bens jurídicos, sem qualquer danosidade ou relevância social.

Pela aplicação deste auxiliar interpretativo, o furto (art. 155, do Código Penal) não será qualquer subtração de coisa alheia móvel, mas apenas aquela capaz de provocar um dano patrimonial de certa expressividade social ao ofendido; a lesão corporal deve representar uma ofensa significativa à integridade física ou à saúde de outrem; o porte de entorpecentes não será qualquer posse, guarda ou detenção de tóxicos, mas apenas aquela em que, pela quantidade da substância, veja-se a saúde pública colocada em perigo.

Esta é a melhor interpretação do tipo penal, pois nas ações com resultados mínimos, o tipo, em verdade, não se integra, não há uma real ofensa ao bem jurídico tutelado.

A subtração de um alfinete em loja de armarinhos não representa qualquer alteração sensível no patrimônio do ofendido. E, não havendo dano patrimonial, não há que se falar em tipicidade do crime de furto, pois ausente a ofensa ao bem jurídico, o elemento material do tipo penal.

Para a tipificação do delito de lesões corporais, exige-se que haja um efetivo prejuízo à integridade física ou à saúde da vítima. Lesões erimatosas ou levíssimas escoriações não têm o condão de integrar o tipo penal quanto ao seu elemento material, pois inexistente o comprometimento fisiológico, anatômico ou mental do corpo humano.

Também para a formação dos tipos referentes à posse de entorpecentes, imprescindível será a existência de perigo à saúde pública, ao bem jurídico protegido pela norma penal.

Quantidade ínfima de substância entorpecente não serve a colocar em perigo o valor tutelado, pois incapaz de provocar a dependência, sofrendo a conduta, portanto, de atipia material. Com esta orientação o STF, em data recente, concedeu *habeas corpus* a pessoa condenada pelo porte de 0,6 g de maconha (HC n. 110.475-SC – Notícias STF 14.02.2012).

O mesmo critério pode e deve ser utilizado na interpretação da maioria dos tipos penais, não se limitando às hipóteses aqui apresentadas. Sendo insignificante a ofensa ao bem jurídico, não se forma o tipo, por ausência de seu elemento material.[129]

O critério da insignificância, além de raízes no princípio da lesividade, encontra respaldo, também, no princípio da proporcionalidade, o qual, apesar de não se encontrar expressamente positivado, tem a sua existência reconhecida pela doutrina e pela jurisprudência – inclusive dos Tribunais Superiores -, como fruto do Estado democrático de Direito, de seus princípios e garantias fundamentais.

Com relação às condutas – objetivamente - típicas com resultados insignificantes, óbvia é a desproporção entre a pena criminal e o próprio fato, de pouquíssima ou nenhuma expressividade social, de forma que, por observância do princípio da proporcionalidade, incabível o proferimento da plena tipicidade penal.

3.3.5. CRIMES PATRIMONIAIS: O PARÂMETRO DO SIGNIFICATIVO

Embora sejamos partidários da admissão deste critério de interpretação – redutor - da tipicidade penal, forçoso reconhecer que, nos crimes contra o patrimônio, vigora alto grau de incerteza no que se refere aos parâmetros de sua utilização, pois a lei não fixa – ao menos diretamente – o que é *insignificante*, circunstância que, não poucas vezes, causa dúvidas a respeito da incidência, ou não, do princípio proposto e de sua própria validade.

O insignificante patrimonial, para nós, é aquele *absolutamente* desprezível – e não apenas relativamente, de acordo com as partes envolvidas – ou seja, o dano que, no cotidiano das relações sociais, para a generalidade das pessoas, apresenta-se como de nenhuma ou irrisória implicação.

Mas qual é este valor que pode ser considerado como o "teto" da insignificância?

Cremos que a resposta, de forma indireta, é oferecida pela própria legislação penal ao estabelecer o valor mínimo das sanções pecuniárias.

Com efeito, o legislador fixou como mínimo relevante, tanto para a aplicação, como, consequentemente, para a execução da pena, o montante de 1(um) dia-multa, no valor de 1/30(um trinta avos) do salário mínimo vigente quando do fato.

Este *quantum* é, em direito penal – brasileiro – o piso patrimonial conhecido, pois eventuais frações, nos termos do art. 11, do Código Penal, não são computadas e, portanto, devem ser *desprezadas*.[130]

Ora, se o legislador penal fixou como critério do relevante – ou do não desprezível – o valor de 1/30 do salário mínimo, entendemos que deve ser este critério – e não o de legislações administrativas ou tributárias, que se orientam por finalidades evidentemente distintas –, o marco do princípio em questão.

Logo, sendo o dano patrimonial – efetivado ou visado – inferior a 1/30 do salário mínimo, há de se reconhecer a atipicidade material da conduta, por ausência de lesividade ao bem jurídico – patrimônio – tutelado pelo tipo; se superior, caracterizada restará a tipicidade, embora possa o fato configurar, eventualmente, delito patrimonial privilegiado.[131]

O critério ora proposto, no mais das vezes, ainda que não absoluto, pois passível de flexibilização diante de circunstâncias peculiares do caso concreto, fornece ao intérprete bases minimamente seguras para uma aplicação racional do direito penal no tocante ao requisito da lesividade – que não pode ser considerado um princípio meramente programático, dirigido apenas ao legislador, pois tem por principal função delimitar o âmbito do penalmente desvalorado – na medida em que, se por um lado, preserva o princípio da proporcionalidade entre conduta e sua consequência, por outro impede a incursão do julgador em "arbitrariedades abolicionistas", que, ao restringirem em demasia os instrumentos de tutela dos valores constitucionalmente estabelecidos – tipos penais -, em afronta, inclusive, ao sentido original do princípio da insignificância, acabam por vulgarizar os bens jurídicos, desequilibrando as relações sociais e incentivando, por via transversa, a violência e a realização de "justiça" com as próprias mãos.[132]

3.4. LESIVIDADE E CRIME IMPOSSÍVEL

Afirmamos que a função precípua do direito penal é a proteção de bens jurídicos, entendidos estes como os valores socialmente relevantes, positivados pela Constituição Federal.

Logo, não produzindo a conduta lesão ou perigo a esses bens dignos de tutela jurídico-penal, inviável a sua subsunção a um tipo de injusto.

A atipicidade do crime impossível é consequência desta concepção de direito penal e da adoção do princípio da lesividade como fundamental na estruturação do sistema criminal; a conduta, embora subjetivamente típica, pois dotada de *dolo*, não é apta à produção de um resultado lesivo, não se justificando, desse modo, a imposição de uma pena a seu agente.[133]

Dispõe o nosso Código Penal, em seu art. 17, que se caracteriza o crime impossível "quando, por ineficácia *absoluta* do meio ou por *absoluta impropriedade* do objeto, é impossível consumar-se o crime".

Trata-se o crime impossível, assim, de verdadeiro "erro de tipo às avessas", pois o agente, com a vontade consciente de realizar a conduta e produzir o resultado lesivo, representa falsamente a idoneidade dos meios empregados ou a propriedade do bem jurídico atacado.

Como vimos, duas são as hipóteses de configuração do crime

impossível: *inidoneidade dos meios empregados e impropridade do objeto*.

Por *inidoneidade* deve-se entender a ineficácia absoluta, no caso concreto, do meio utilizado para a obtenção do resultado típico almejado.

Aquele que municia sua arma com projéteis de festim, desconhecendo não se tratar de cápsulas com capacidade vulnerante, e que efetua disparos com a arma contra alguém, com a vontade consciente de matá-lo, comete "crime impossível", pois o meio empregado para a realização do tipo penal é *absolutamente ineficaz* para a produção do resultado.

Quanto à *impropriedade do objeto*, refere-se à inexistência do bem jurídico contra o qual dirige o agente o seu comportamento.

Logo, aquele que tenta praticar aborto em mulher que não está grávida não encontra subsunção de seu comportamento ao tipo penal do art. 125 do Código Penal, pois absolutamente inviável o resultado objetivado, na medida em que o bem jurídico *vida fetal*, que se pretendeu atingir, inexiste na situação concreta.

Da mesma forma, não pratica tentativa de homicídio aquele que efetua disparos de arma de fogo contra pessoa já morta, com a intenção de matá-la, pois inviável a consumação do delito, exatamente pela ausência do bem jurídico *vida humana*.

Tanto a inidoneidade dos meios quanto a impropriedade do objeto devem ser *absolutas*. Se meramente *relativas* restará justificada a punibilidade da conduta.[134]

O crime impossível, portanto, é causa de exclusão da tipicidade por inexistir, na ação, perigo ou lesão ao bem jurídico visado pelo agente.

3.5. LESIVIDADE E CONTEXTO SOCIAL DA AÇÃO – TIPICIDADE AXIOLÓGICA

O fato típico penal está inserido na realidade das relações sociais, e é deste contexto concreto, e não da abstração pura da legislação, que se busca o porquê da norma proibitiva.

A dimensão axiológica da tipicidade constitui, portanto, a inadequação social da conduta, por se dirigir contra o fim de proteção da norma penal; representa, assim, o caráter valorativo negativo do comportamento, na concreção das relações sociais (realidade). Como sustenta Baumann[135]: "A norma abstrata deve ser interpretada, ou seja, deve-se averiguar o sentido de seu conteúdo e depois há que examinar se a situação concreta se adapta a ela. Interpretar a norma e subsumir a situação são as tarefas principais do jurista".

É do enfrentamento entre o tipo (norma penal abstrata, o direito posto) e o caso concreto (fato), no contexto valorativo vigente (campo axiológico-social), que surge o juízo de subsunção – imputação plena -, isto é, a tipicidade em sua tríplice acepção.

Neste sentido, há sempre de existir uma identidade de desvalor entre a ação concreta e a abstração realizada pelo legislador quando da operação de seleção de comportamentos proibidos, da formulação dos *tipos de injusto*.

Ao contrário do que se possa supor, não defendemos a realização de uma pesquisa ou interpretação *histórica* a partir da vontade do legislador do tempo da elaboração da lei, para determinar a extensão de aplicabilidade da norma, pois, em virtude das discrepâncias existentes entre as distintas épocas, a adoção desta modalidade interpretativa, longe de solucionar problemas de subsunção, acarretaria outros, decorrentes da inegável transformação da sociedade e da evolução dos valores sociais. O que entendemos adequado é a verificação da similitude de (des)valoração em relação aos posicionamentos do *legislador atual* – teoria objetivista da interpretação -, ao qual cabe representar a sociedade contemporânea e positivar os seus valores, e que, mesmo não tendo sido o responsável pela elaboração da norma penal, a mantém como integrante do sistema, dirigida, por ser parte dele integrante, à busca de sua finalidade.

Da adoção deste recurso podem ser destacadas duas vantagens: permite, por um lado, alguma abertura do sistema penal, todavia sem violação à lei; por outro viabiliza certo controle da interpretação da vontade do legislador, pois este, a qualquer tempo, mediante modificações legislativas, pode revelar o equívoco do juízo quanto à valoração. Neste sentido o posicionamento de Chaïm Perelman: "É por essa razão que sugiro que o juiz, tendo de procurar na interpretação da lei a vontade do legislador, deveria entendê-la como sendo não a do legislador que votou a lei, principalmente se se trata de uma lei antiga, mas do legislador *atual* (...) quando a vontade à qual alude é a do legislador atual, afirma uma hipótese cuja verdade pode ser controlada, pois, em caso de desacordo com o juiz, o legislador atual tem condições de se manifestar e votar uma lei interpretativa (...) ela transforma a busca da vontade do legislador em uma presunção suscetível de ser derrubada, em vez de fazer dela uma presunção irreversível, e, às vezes, nitidamente fictícia, pois escapa de qualquer controle efetivo. Essa concepção, que pode parecer paradoxal, foi confirmada por um célebre aresto da Corte Internacional de Justiça sobre a Namíbia (1971), cuja motivação declara expressamente que "um instrumento internacional deve ser interpretado dentro do contexto de todo o sistema legal que prevalece no momento da interpretação" (...) o juiz, procurando conformar-se à vontade da nação, há de conformar-se, em última análise, à vontade presumida do legislador atual"[136].

O legislador, ao elaborar um tipo penal, não pretende "punir" todas as condutas que a ele encontrem subsunção nos aspectos objetivo e subjetivo, mas tem por fim evitar as condutas típicas desajustadas, ou seja, aquelas afastadas das relações sociais que se inserem no campo da normalidade da vida em comum. Inexistindo o "desajuste social" da ação, não será esta alcançada pelo tipo, por não haver, entre ambos, *similitude axiológica*.

Logo, a tipicidade axiológica *delimita* o sentido e alcance do tipo penal, impedindo a sua aplicação para hipóteses que não se ajustem ao objeto normativo de proteção, ou seja, configura as fronteiras da *lesividade*.

O tipo penal delitivo, portanto, não é apenas prescritivo, mas é imperativo por ser axiológico e teleológico; a proibição não se esgota em si mesma, mas porta uma finalidade intrínseca, consistente em evitar que os bens jurídicos sejam colocados em risco *em circunstâncias socialmente desaprovadas*.

Como ensina Miguel Reale, toda norma jurídica pressupõe sempre uma tomada de posição perante determinados fatos sociais, em vista à realização de certos valores[137].

Se em todas as manifestações normativas há de se buscar o seu fim, que jamais pode ser antissocial[138], o caráter axiológico e teleológico da tipicidade penal faz-se mais premente, uma vez que se trata o direito criminal da forma mais severa de intervenção estatal nas relações humanas.

Visando excluir, desde logo, do âmbito penal, os comportamentos que, embora pertencentes ao cotidiano das relações sociais e considerados "normais" pela sociedade, subsumem-se, aparentemente, a tipos delitivos, elaborou Welzel o princípio da "adequação social", ou da "ação socialmente adequada"[139].

A razão de ser deste princípio é simples: se o legislador, ao criar os tipos de injusto, parte da experiência concreta das relações sociais e tem por fim elaborar os modelos de condutas desvaloradas socialmente, não se poderia pretender que os tipos fossem amplos a ponto de abranger comportamentos considerados corretos, ou ao menos tolerados pela sociedade.

Critica Roxin o princípio da adequação social por entender que não oferece bases ou critérios seguros de interpretação, que podem ser substituídos por outros mais precisos, tais como os por ele formulados para a imputação objetiva do resultado[140].

A crítica, entretanto, a nosso ver, não merece guarida, pois além de ser ela própria imprecisa e genérica, baseia-se na incorreta confusão que decorre da teoria da imputação objetiva, ao englobar na imputação do resultado, do tipo objetivo (em princípio neutra), a tipicidade axiológica (valorativa).[141]

A busca pelo "fim" da norma, consistente em um terceiro limite, ao lado da tipicidade objetivo-material e da subjetiva, para a aplicação de um tipo penal a uma ação, é fruto de uma obrigatória interpretação teleológica e sistemática, pois, como ressalta Sebástian Soler[142]: "O conjunto de leis [evidentemente em sentido amplo] que integra a ordem jurídica deve ser entendido como composto por disposições reciprocamente coerentes, já que a lei não pode, ao mesmo tempo, definir um ato como devido e como indevido".

O princípio da adequação social, que prega, em última análise, uma interpretação do fato – ação humana – sob o enfoque da ordem jurídica como um todo (ordem conglobada, na feliz expressão de Zaffaroni)[143], evita a quebra do próprio sistema jurídico, que não comporta contradições internas[144].

É no art. 5º da Lei de Introdução às Normas do Direito Brasileiro, regra hermenêutica aplicável a todos os ramos de nosso Direito, que encontra a dimensão axiológica da tipicidade a sua fundamentação legal e seus critérios fundamentais, pois a menção aos "fins sociais" e ao "bem comum", como assinala Tércio, pressupõe uma unidade de objetivos do comportamento social do homem; postula-se que a ordem jurídica, como um todo, seja sempre um conjunto de preceitos para a realização da sociabilidade humana[145], de forma que, aquilo que não seja socialmente danoso ou intolerável, não possa ser proibido ou alcançado pelo mais drástico instrumento de intervenção nas relações sociais, o direito penal.

Esta fundamentação legal do princípio da adequação social, presente em nosso Direito, exclui a constante e persistente crítica à sua adoção, relativa à redução de segurança do direito penal, pela sujeição deste às normas consuetudinárias. Com efeito, ainda que fluidos, os conceitos de "fins sociais" e "bem comum" podem ser extraídos não apenas dos costumes, mas da totalidade do ordenamento jurídico, especialmente das normas constitucionais, de suas garantias, fundamentos e objetivos. A mera incerteza ou "abertura" de um conceito – especialmente se estabelecido por norma de observância obrigatória -, quando passível de complementação e limitação por normas de direito posto, não pode fundamentar a sua não admissão como instrumento jurídico válido, a não ser que se pretenda conferir à disciplina do direito penal uma posição estanque, absolutamente apartada dos outros ramos do direito – o que é evidentemente incorreto, pois contraria a própria ideia de ordenamento jurídico, que pressupõe uma interdependência e reciprocidade de informação entre as disciplinas – e da realidade, e ao julgador, como único instrumento de hermenêutica, a por muitas vezes insuficiente interpretação literal. Sobre estas cláusulas gerais, sustenta Nelson Nery Júnior: "normas orientadoras sob forma de diretrizes, dirigidas especialmente ao juiz, vinculando-o ao mesmo tempo em que lhe dão liberdade para decidir. As cláusulas gerais são formulações contidas na lei, de caráter significativamente genérico e abstrato, cujos valores devem ser preenchidos pelo juiz, autorizado para assim agir em decorrência da formulação legal da própria cláusula geral, que tem natureza de diretriz".[146]

Embora estas considerações tenham sido formuladas para o *direito privado*, nada obsta que sejam aplicadas, também, ao direito penal, na medida em que ao comportamento formalmente típico, pra que se caracterize a tipicidade plena, há de se adicionar a sua desvaloração social. Ao juiz penal, por força da *unidade* e *coerência* do sistema jurídico, também se impõe, na aplicação da lei, as diretrizes de se atender à finalidade social da norma jurídica e ao bem comum. Como sustenta Peter Häberle – embora no contexto da hermenêutica constitucional -, "a vinculação judicial à lei e a independência pessoal e funcional dos juízes não podem escamotear o fato de que o juiz interpreta a Constituição [e a lei, inclusive a penal] na esfera pública e na realidade. Seria errôneo reconhecer as influências, as expectativas, as obrigações sociais a que estão submetidos os juízes apenas sob o aspecto de uma ameaça à sua independência. Essas influências contêm também uma parte de legitimação e evitam o livre arbítrio da interpretação judicial".[147]

Em suma, a interpretação da lei – e do tipo penal -, para encerrar legitimidade, deve atender às finalidades – e, portanto, expectativas – sociais, elemento teleológico que lhe confere razão de existência.

A interpretação teleológica e axiológica tem implicações extraordinárias, que não se resumem às hipóteses geralmente apresentadas (práticas religiosas, disputas esportivas, intervenções cirúrgicas, etc.), de pronta verificação ante a evidente inaplicabilidade da norma penal ao ato concreto.

De fato, serve o caráter axiológico da tipicidade para *restringir* a incidência da proibição penal aos atos que têm efetivamente, em si, um caráter negativo de valoração, e que se encerram no âmbito da tutela penal; obriga o juiz, assim, a analisar o fato não como uma unidade isolada, mas no contexto social em que é realizado, na realidade que o circunda. O Juiz deve buscar o verdadeiro sentido e alcance do texto legal, que não podem estar em desacordo com o fim colimado pela legislação, o bem social[148]. Deve apreciar, portanto, se a lesão *material* do bem da vida tutelado pelo tipo caracteriza, também, uma *violação do valor* que constitui o sentido, a razão de ser daquele tipo.

Isto porque: "Já os antigos juristas romanos, longe de se aterem à letra dos textos, porfiavam em lhes adaptar o sentido às necessidades da vida e às exigências da época. Não pode o direito isolar-se do ambiente em que vigora, deixar de atender às outras manifestações da vida social e econômica".[149]

Sempre, portanto, que a conduta, no contexto de sua realização, demonstrar-se eticamente aprovada ou ao menos tolerada, não se poderá pretender que seja alcançada por um tipo de injusto, pois ausente restará a finalidade, o elemento teleológico da norma penal proibitiva e prescritiva.

É por isso que preferimos, para denominar estas espécies de condutas, não alcançadas pelos tipos de injusto, a utilização da expressão "praticada em contexto social adequado", em substituição a "ação socialmente adequada", na medida em que o comportamento, isoladamente considerado, não porta, em regra, caráter axiológico, o qual apenas será aferido – e revelado – na concreção dos relacionamentos humanos.

Em conclusão, podemos afirmar, com amparo em Jiménez de Asúa[150], que se o direito penal é finalista e somente pode ser trabalhado com o método teleológico, teleológica há de ser também a interpretação das normas, pois se trata do critério mais adequado à descoberta da verdadeira vontade da lei; e, a partir dessa interpretação teleológica, somente será possível afirmar a *lesividade* de uma conduta quanto praticada em um contexto social desaprovado.

4. PRINCÍPIO DA CULPABILIDADE

4.1 Responsabilidade pessoal subjetiva

O princípio da culpabilidade encerra, em verdade, três acepções, todas elas, todavia, indispensáveis à legitimação do direito penal no Estado democrático de Direito.

Em seu primeiro sentido representa a *culpabilidade* o princípio da *responsabilidade penal subjetiva*, segundo o qual não se pode atribuir ao indivíduo a responsabilidade por um fato por sua mera causação material – responsabilização *objetiva* -, devendo existir, além da relação de causalidade tipicamente relevante, um nexo de índole psicológica entre a ação e o resultado.

Assim, adotado o princípio da responsabilidade subjetiva, não basta o nexo causal, sendo imprescindível à imputação um liame psicológico, consistente na vontade consciente de realização da conduta proibida (dolo), ou ao menos uma tal negligência (culpa), que seja determinante para a ocorrência do dano social previsto como crime.

Este princípio encontra-se positivado no Código Penal, primeiro em seu art. 18, o qual dispõe haver unicamente duas espécies de crime: *doloso*, quando o agente quis o resultado ou assumiu o risco de produzi-lo; *culposo*, quando o agente deu causa ao resultado por imprudência, negligência ou imperícia, devendo, contudo, estar expressamente prevista a modalidade culposa para o apenamento da conduta a este título.

Deste dispositivo, portanto, já é possível depreender que *inexiste* delito sem *dolo* ou *culpa*.

Esta conclusão é reforçada pelo art. 19, do mesmo diploma legal, o qual reza que pelo resultado que agrava especialmente a pena só responde o agente que o houver causado ao menos culposamente. Logo, não havendo *dolo* ou *culpa* na ação, não responderá por ela o seu sujeito ativo.

A finalidade do legislador de exclusão da responsabilidade objetiva de nosso direito penal foi ressaltada pelo então Ministro da Justiça, Ibrahim Abi-Ackel, na Exposição de Motivos da Nova Parte Geral do Código Penal[151], em seus itens 16 e 18: "Retoma o Projeto, no art. 19, o princípio da culpabilidade, nos denominados crimes qualificados pelo resultado que o Código vigente submeteu a injustificada responsabilidade objetiva. A regra se estende a todas as causas de aumento situadas no desdobramento causal da ação. (...). O princípio da culpabilidade estende-se, assim, a todo o projeto. (...). Eliminaram-se os resíduos de responsabilidade objetiva, principalmente os denominados crimes qualificados pelo resultado".

Uma questão, entretanto, não pode deixar de ser colocada: se esta primeira acepção do *princípio da culpabilidade* – princípio da responsabilidade subjetiva – é prevista, tão-somente, pela legislação ordinária, pode ser considerado um princípio sistematizador e geral do direito penal? Não poderia outra lei, de igual ou superior hierarquia, abolir para determinadas hipóteses, ou mesmo totalmente, o princípio em questão?

Pensamos que as respostas a essas questões são *negativas*, pois o princípio da culpabilidade é inerente ao Estado democrático de Direito e a valores constitucionais como a *democracia*, a *cidadania* e a *liberdade*, não podendo ser desprezado sem que também estes valores fundamentais sejam atacados e violados. A exigência da culpabilidade, portanto, deflui do espírito liberal e democrático da ordem constitucional estabelecida, pois garantidora de seus princípios fundamentais.

Mas, além disso, a nosso ver, o princípio da culpabilidade encontra sua raiz constitucional direta – ao menos no que se refere às suas duas primeiras acepções – no princípio fundamental da presunção de inocência, que não tem uma função meramente processual, pois compreende também a presunção de *não culpabilidade*.

Com efeito, ao dispor o legislador constituinte que "ninguém será considerado culpado até o trânsito em julgado da sentença penal condenatória" (CF, art. 5º, LVII), deixou claro que a imputação de fato penalmente relevante a um sujeito não pode prescindir da culpa em sentido lato, do nexo subjetivo entre o agente e o resultado lesivo, pois a responsabilidade objetiva é inconciliável com a *declaração de culpa*, exigida pela Constituição.

Assim, como ensinam Cobo del Rosal e Vives Anton[152], no plano do direito penal a presunção de inocência representa um limite ao legislador, em virtude do qual – e dada a sua natureza constitucional – serão nulos todos os preceitos penais que estabeleçam uma responsabilidade baseada em fatos presumidos ou em presunção de culpabilidade.

Concretizam os artigos 18 e 19 do Código Penal, desse modo, uma garantia fundamental pertencente ao núcleo irreformável da Constituição, consubstanciada, em sede penal, no princípio da responsabilidade pessoal subjetiva.

4.2. FUNDAMENTO DA PENA

Em sua segunda acepção o princípio revela a culpabilidade como *fundamento* da pena, ou seja, impede a imposição de uma sanção penal ao inculpável ou ao não culpável.

Trata-se, aqui, de categoria jurídico-penal sistêmica[153] – elemento do delito – que legitima o Estado a impor, em vista da prática de um injusto típico, uma pena ao seu autor em virtude da *reprovação social* ao comportamento.

Ao contrário do direito penal alemão, que prevê de forma expressa a culpabilidade como *fundamento* da pena[154], a legislação brasileira não possui norma do mesmo conteúdo.

A par dessa omissão legislativa, o princípio da culpabilidade na acepção ora em análise também se faz presente em nosso Direito.

De fato, no Estado democrático de Direito toda a ordem jurídica – e, por consequência, também a ordem jurídico-penal - encontra a sua legitimação na Constituição, que sintetiza o projeto de Estado a se construir – democrático e de Direito -, seus fundamentos – soberania, cidadania, dignidade humana, valores sociais do trabalho e livre iniciativa - e objetivos – construção de uma sociedade *livre, justa* e *solidária*, erradicação da pobreza e marginalização, redução das desigualdades sociais e regionais, promoção do bem de todos e eliminação dos preconceitos -, e regula os limites de intervenção do próprio Estado nas relações sociais.

A legalidade, como sustenta Habermas – citado por Luiz Moreira[155] - "obtém sua validade a partir da suposição da legitimidade do ordenamento jurídico. Assim sendo, a fé na legalidade pressupõe um preliminar acordo racional sobre a legitimidade de uma ordem jurídica. Ou seja, é legal porque é legítimo. A legalidade funda-se em um assentimento racional dos sujeitos de direito, livres e iguais, que, após fundarem uma ordem jurídica justa e equitativa, creem na legalidade porque esta é derivada desse assentimento (...). E é justamente esse consenso, racionalmente alcançado, que dá força factual à pretensão de validade do que é de fato tido e instituído como Direito".

O Direito, pois, é uma *mediação* indispensável, pois "refreia o egoísmo biológico, garante a existência de cada um, assegura na selva dos instintos e das forças um mínimo de ordem e segurança".[156]

O Direito – e a justiça – caracteriza instrumento social de oposição à violência, uma vez que confisca dos indivíduos o direito de fazer justiça com as próprias mãos e reserva, para si, especialmente na área penal, aquela marca da violência, a qual, no entanto, é filtrada, atenuada, regulada e limitada, pois o Estado – de Direito – recusa-se a também se comportar como criminoso.[157]

A legitimação e fundamento do poder punitivo neste modelo de Estado, que constitui a objetivação forte e concentrada do Direito, para a garantia institucional da *pessoa*[158], portanto, encontram-se na Constituição, em virtude de sua natureza de norma fundamental formulada sob o auspício da democracia. E é por isso que o delito, para nós, deve representar sempre a violação de um valor constitucional, indispensável à estruturação da sociedade organizada por meio do Estado.

Questionar-se a legitimidade da Constituição – desde que democraticamente instituída - como fundamento do poder punitivo, além de se tratar de discussão estéril, é matéria que não interessa aos juristas, pois constitui negação não apenas da legitimidade do direito penal, mas de toda a ciência jurídica; e um Estado no qual ao Direito não se atribui a função de – e instrumentos para o – controle social, evidentemente perde o seu caráter de Estado de Direito, pois a sua tendência seria, diante da extinção do monopólio da distribuição da justiça, tornar-se uma instituição meramente formal, com uma sociedade fundada no império da força e facilitador do procedimento de vingança.

Portanto, se por força da Constituição tem o Estado a missão de preservar os valores fundamentais, inclusive mediante o direito penal, e se, por outro lado, é o homem reconhecido pelo Direito como ser dotado de liberdade, de possibilidade de autodeterminação e de dignidade[159], a aplicação de uma determinada pena deve ficar condicionada à reprovação social sobre o comportamento, consistente no *juízo de culpa*, no reconhecimento de que o agente, dotado de liberdade, embora pudesse atender ao comando normativo nas circunstâncias concretas, optou por afrontá-lo ou ignorá-lo.

Entendimento contrário violaria os objetivos constitucionais supracitados, pois se atribuir a alguém uma pena por ação em relação à qual não era dotado de *possibilidades razoáveis* de escolha ou em que ausente a expectativa de cumprimento da norma nas circunstâncias em que efetivada, em suma, uma conduta socialmente *não reprovável*, iria de encontro aos valores *justiça* e *solidariedade*, pois já não se trataria mais da *proteção de valores* em determinados contextos – sociais - concretos, mas unicamente de *punição* pela desobediência – ainda que não dotada de liberdade - à norma. O Estado, portanto, deixaria de constituir instrumento para a realização da dignidade da pessoa humana para se transformar em um objetivo por si mesmo, verdadeira "Divindade", com leis – morais – inflexíveis.[160]

Este caráter absolutista[161] do Estado, no entanto, é evidentemente incompatível com a concepção *democrática* e de *Direito* que se pretende, de forma que a culpabilidade como *fundamento* da pena não pode ser recusada, na medida em que representa o elo de ligação entre *liberdade* – e consequente responsabilidade pelos próprios atos –, constitucionalmente reconhecida, e reprovação penal.

Pode-se afirmar, pois, mesmo antes da formulação de um conceito de culpabilidade e da análise de seus elementos, que este *princípio* penal tem a natureza de *fundamental* no Estado democrático de Direito, condição necessária - e por isso fundamento - que legitima a imposição de pena a um indivíduo.

4.3. LIMITE DE PENA

Por fim, em sua terceira acepção, o *princípio da culpabilidade* serve como *medida de pena* e está conectado, portanto, ao *princípio da proporcionalidade*, ao qual já nos referimos ao tratarmos do "princípio" da insignificância.

O princípio da proporcionalidade, apesar de não se encontrar expressamente positivado, tem a sua existência reconhecida pela doutrina e pela jurisprudência como fruto do Estado Democrático de Direito, de seus princípios e garantias fundamentais.

Como sustenta Paulo Bonavides, o princípio da proporcionalidade se caracteriza pelo fato de presumir a existência de relação adequada entre um ou vários fins determinados e os meios com que são levados a efeito. Haverá, assim, violação a tal princípio, toda vez que os meios destinados a realizar um fim não forem, *por si mesmos*, apropriados e/ou quando a *desproporção* entre meio e fim for particularmente evidente, ou seja, *manifesta*.[162]

Conforme Willis Santiago, o princípio da proporcionalidade representa dupla garantia: em sentido estrito constitui a *necessidade* de estabelecimento de uma correspondência entre o *fim* a ser alcançado por uma disposição normativa e o *meio* empregado, ou seja, aquela deve ser a melhor possível juridicamente; compreende, também, os princípios da adequação e exigibilidade ou *indispensabilidade*, de forma que o meio escolhido deve se prestar a *atingir* o fim estabelecido e ser exigível, isto é, não haver outro, igualmente eficaz e *menos danoso* a direitos fundamentais.[163]

Humberto Ávila, ao tratar do tema, explica que a *adequação* constitui em um exame inerente à proporcionalidade e "exige uma relação empírica entre o meio e o fim: o meio deve levar à realização do fim", isto é, a eficácia do meio deve contribuir para a promoção gradual do fim[164]. Prossegue o citado autor que a proporcionalidade também encerra o exame da *necessidade*, ou seja, a verificação se "os meios alternativos promovem igualmente o fim" e se estes "restringem em menor medida os direitos fundamentais colateralmente afetados".[165] Por fim, a proporcionalidade em sentido estrito "exige a comparação entre a importância da realização do fim e a intensidade da restrição aos direitos fundamentais. A pergunta que deve ser formulada é a seguinte: O grau de importância da promoção do fim justifica o grau de restrição causada aos direitos fundamentais? Ou, de outro modo: As vantagens causadas pela promoção do fim são proporcionais às desvantagens causadas pela adoção do meio? A valia da promoção do fim corresponde à desvalia da restrição causada?"[166]

O princípio da proporcionalidade – como sustenta Roxin – concretiza a sensação de *justiça*, que compreende um grande significado para a estabilização da consciência jurídico-penal, pois exige que ninguém pode ser castigado mais duramente que o merecido; e merecida é somente uma pena proporcional, de acordo com a culpabilidade do agente.[167]

O fundamento constitucional deste princípio, portanto, encontra-se não somente no direito à liberdade – que não pode, diante da elevação do ser humano como razão primeira do Estado, ser restringido arbitrariamente -, mas também na ideia de *justiça*[168], eleita como valor supremo da sociedade ("Preâmbulo da Constituição Federal) e objetivo fundamental da República Federativa do Brasil (CF, art. 3º, I).

5- PRINCÍPIO DA DIGNIDADE DA PESSOA HUMANA

5.1 Conceito jurídico de pessoa

A *pessoa humana* inicia-se com o nascimento[169] e extingue-se com a morte[170] e se trata de *ser* titular de direitos – que são protegidos já antes do nascimento, pois desde a concepção[171] - e de deveres jurídicos.[172]

A existência da pessoa humana precede – pois sem o nascimento, ou após a morte, já não haverá qualquer direito *próprio* a tutelar – e implica a sua essência, qual seja, a *humanidade*.

Mas de que se trata para o Direito tal essência, a *humanidade* da *existência*?[173]

Pensamos que a *humanidade*[174] é caracterizada e constituída por dois conceitos fundamentais: a *dignidade* e a *liberdade*, as quais possibilitam – e têm por finalidade – a formação da *personalidade*[175], a construção do indivíduo como ser-no-mundo, isto é, a autorrealização da pessoa em sua intersubjetividade como *ser único*, porque dotado de características – não apenas físicas, mas também da personalidade e do exercício da liberdade - que o diferenciam dos demais.

Em termos gerais, portanto, podemos formular o seguinte conceito *jurídico* de pessoa humana: *o ser que se inicia com o nascimento e que se extingue com a morte, titular de direitos – desde a sua concepção – e de deveres jurídicos – responsabilidade -, dotado de dignidade e de liberdade, que tem por fim do seu existir a formação – intersubjetiva – e plena realização de sua personalidade, que o define como ser único e, por isso, insubstituível.*

5.2. CONCEITO DE DIGNIDADE HUMANA

O legislador constitucional, ao estabelecer a dignidade humana como fundamento do Estado democrático de Direito (C.F., art. 1º, inciso III), elegeu o ser humano como valor *supremo*, a razão de ser do Estado[176].

A dignidade humana, entretanto, embora ressaltada a sua relevância na maioria das obras penais modernas, não conta com vasta e minuciosa análise pela doutrina criminal pátria, não se encontrando, também, pacificado o seu conceito.

O saudoso professor Chaves Camargo, a par de tomar a dignidade humana como princípio norteador de todo o direito penal, afirmava que tal fundamento não possui uma definição, e constitui um "sentimento comum". Quando violada a dignidade de um ser humano aflora-se este sentimento na sociedade, circunstância que demonstra ser esta a natureza do fundamento constitucional e desnecessária a sua conceituação[177].

Este conceito – ou afirmação de sua desnecessidade – contudo, a nosso ver, peca pela imprecisão.

Isto porque a noção de sentimento não comporta, pela sua própria natureza, análise objetiva, dependendo, para a sua compreensão, de juízos de valor de ordem estritamente subjetiva, sem fundamentação dogmática.

De fato, como aferir, no caso concreto, se há violação à dignidade humana? Com base em que dados pode o intérprete, diante das situações postas, apreciar se aflorou o sentimento de repulsa a um ato ou fato, por contrariar o princípio do respeito ao ser humano?

A nosso ver, não há como se extrair da sociedade este sentimento para cada hipótese, pois ausentes critérios para a sua apreensão. Assim, perde a dignidade humana a sua função de garantia material, para se tornar um conceito puramente formal e retórico.

Nilo Batista, por sua vez, sustenta que a humanidade das penas – que para o autor nada mais é do que a consagração do princípio da dignidade humana em matéria penal – revela-se pela proporcionalidade e racionalidade das sanções penais, isto é, que impliquem estas "um sentido compatível com o ser humano e suas aspirações".[178]

Em sentido próximo posicionava-se Luiz Luisi, para quem o princípio da humanidade é o postulado reitor do cumprimento da pena privativa de liberdade e consiste no reconhecimento do condenado como pessoa humana e que como tal deve ser tratado. É no não esquecimento de que o réu é pessoa humana que repousa o princípio em questão.[179]

Ainda que mais objetivos estes dois conceitos, também não traduzem de forma plena a garantia material que deve representar o princípio fundamental da dignidade da pessoa humana.

Com efeito, a proporcionalidade e racionalidade, apesar de encerrarem formas de garantia do indivíduo contra a atuação sancionadora do Estado, não caracterizam a *essência da humanidade*, mas apenas a consequência de um direito penal que tenha a dignidade humana como elemento norteador. Constituem, desse modo, dois dos aspectos exteriores da dignidade humana no sistema punitivo, mas não representam o conteúdo do fundamento constitucional.

Quanto à afirmação de que o princípio da humanidade consiste na regra a ser observada no cumprimento da pena privativa de liberdade, com o reconhecimento do condenado como pessoa humana, que assim deve ser tratado, também não caracteriza, de forma adequada, o princípio em questão.

Em primeiro lugar porque limita a incidência da dignidade humana às penas privativas de liberdade, o que não é correto, pois se trata de princípio sistematizador, que se estende por todo o direito penal – e não só ao direito penal, pois representa fundamento da totalidade do ordenamento jurídico nacional.

Mas, além disso, o conceito apresentado tem também uma natureza apenas formal, na medida em que não responde à questão que lhe é fundamental, pois imprescindível à verificação da existência da ofensa à dignidade humana: *como* o ser humano deve ser tratado?

A resposta a esta questão, a nosso ver, tem como ponto de partida a exigência enunciada por Kant como segunda fórmula do imperativo categórico: "Age de tal forma que trates a humanidade, tanto na sua pessoa como na pessoa de qualquer outro, sempre também como um fim e nunca unicamente como um meio".[180]

De fato, como sustenta Fábio Konder Comparato, a dignidade humana, sob a visão de Kant, consiste em que "o ser humano e, de modo geral, todo ser racional, existe como um fim em si mesmo, não simplesmente como meio do qual esta ou aquela vontade possa servir-se ao seu talante (...)". Os entes racionais "denominam-se pessoas, pois são marcados, pela sua própria natureza, como fins em si mesmos; ou seja, como algo que não pode servir simplesmente de meio". Há, portanto, uma superioridade ética absoluta da pessoa humana em relação às coisas e daí decorre "que todo homem tem dignidade e não um preço, como as coisas. A humanidade como espécie biológica, e cada ser humano em sua individualidade, são propriamente insubstituíveis: não têm equivalente, não podem ser trocados por coisa nenhuma".[181]

Mas no que consiste tratar o ser humano como um *fim*, e não como um meio ou *objeto*? Qual o conteúdo material deste "princípio de conduta"?

Pensamos que, embora não tenha o legislador constitucional positivado uma *definição* de dignidade humana, o seu conceito extrai-se da própria Constituição Federal – e das normas internacionais de proteção aos direitos humanos[182] -, a partir do rol de direitos e garantias fundamentais estabelecidos ao indivíduo.

A possibilidade de exercício desses direitos e garantias individuais sintetiza a condição de *ser* humano, pois o torna distinto como ser racional único e insubstituível e, portanto, provido de dignidade e de autodeterminação.

Trata-se, como bem salientado por Célia Rosenthal Zisman, da *respeitabilidade mínima*, "que não depende nem mesmo do caráter da pessoa, [que] consiste na própria consideração da sua existência, pelos seus semelhantes, coincidindo então com o conceito de *dignidade*, visto que se efetiva com a preservação dos direitos fundamentais. A respeitabilidade mínima em relação ao homem não depende, portanto, de seus feitos, ou ainda, de sua idade, condição social, ascendência ou grau de hierarquia. Trata-se do tratamento digno, ao qual qualquer pessoa tem direito, no plano universal".[183]

Logo, por força deste fundamento, possui a pessoa humana a garantia de ver resguardados os seus direitos à vida, à liberdade, à segurança e à propriedade (C.F., art. 5º, *caput*), ressalvadas as exceções constitucionais limitadoras, mas jamais absolutamente excludentes, e os demais direitos previstos pela Constituição, tais como, dentre outros, o acesso à saúde e à educação, o convívio familiar, o livre exercício de culto e religião, a inviolabilidade do pensamento e da intimidade e o acesso aos Poderes públicos (direito de petição, de acesso à jurisdição, etc.). Conforme brilhante síntese elaborada por Célia Rosenthal Zisman, "a dignidade da pessoa depende da proteção e da garantia dos *direitos fundamentais*, sendo certo que tais direitos, como supramencionado, não são absolutos. Trata-se de três ordens de direitos, que tutelam a liberdade, a segurança e a autonomia da pessoa frente ao poder estatal e demais membros do corpo social".[184]

Portanto, com base nestas considerações, podemos elaborar o seguinte conceito de dignidade humana: *o complexo de direitos e garantias indispensável ao ser humano para a satisfação de suas múltiplas necessidades básicas, isto é, aquelas que o diferenciam como ser racional, dotado de capacidade de autodeterminação e provido de individualidade; a possibilidade, em suma, de exercício dos direitos fundamentais – constitucionais – para o desenvolvimento pleno do indivíduo como ser humano*[185].

5.3. DIGNIDADE HUMANA E DIREITO PENAL

Acolhida a dignidade humana como princípio norteador de todo o sistema de direito brasileiro, impôs-se ao legislador ordinário, por um lado, para a sua tutela, a formulação de determinadas espécies de tipos penais relativos a condutas que a violam diretamente, tendo sido por outro plano a humanidade especificada e concretizada, em matéria de penas, mediante diversos dispositivos do rol de direitos e garantias individuais da Constituição Federal (art. 5º).

Assim, sob o primeiro prisma, determinou a Constituição que a lei – inclusive a penal – punirá qualquer discriminação atentatória dos direitos e liberdades fundamentais (art. 5º, XLI); que a prática de racismo constitui crime inafiançável e imprescritível, sujeito à pena de reclusão, nos termos da lei (art. 5º, XLII); que a lei considerará crimes inafiançáveis e insuscetíveis de graça ou anistia a prática de *tortura*, o tráfico ilícito de entorpecentes e drogas afins, o *terrorismo* e os definidos como crimes hediondos, por eles respondendo os mandantes, os executores e os que, podendo evitá-los, se omitirem (art. 5º, XLIII); que constitui crime inafiançável e imprescritível a ação de grupos armados, civis ou militares, contra a ordem constitucional e o Estado Democrático (art. 5º, XLIV), pois tal conduta coloca em sério risco o ambiente institucional apto à preservação dos direitos e garantias fundamentais e da dignidade da pessoa humana.

Além das orientações criminalizadoras, estabeleceu o art. 5º, inciso III, da Constituição Federal, que ninguém – inclusive o condenado ou o preso – será submetido a tortura, tratamento desumano ou degradante.

A tortura despoja a pessoa de sua *condição de ser humano*, pois lhe retira por completo as faculdades de *agir* e de *pensar livremente*; sujeita-a ao arbítrio do torturador, o que é incompatível com o conceito de dignidade. Tanto a degradação como a desumanidade do tratamento representam o oposto da noção de humanidade, desrespeitam a característica de *ser* do indivíduo, transformando-o em mero *objeto* de fins espúrios.

O art. 5º, inciso XLVII, da Constituição Federal veda, ainda, a instituição de cinco espécies de penas, por não encontrarem consonância com os postulados do Estado democrático de Direito.

Excluída, assim, a possibilidade de adoção das penas de morte, perpétuas, de trabalhos forçados, de banimento e cruéis.

A pena de morte é contrária à dignidade humana porque extermina a sua própria essência, isto é, o ser humano. Sem a pessoa humana, extinta pela morte, não há como se preservar a dignidade.[186]

A pena de morte - conforme observam Zaffaroni e Pierangelli[187] - não possui qualquer função de prevenção especial, "não se trata de uma pena, mas de um simples impedimento físico, como amputar uma mão do batedor de carteiras ou erguer um muro que impeça o avanço de pedestres e veículos. Seu tratamento já não é atribuição do direito penal".

Some-se a isso que a pena de morte, ainda que não dolorosa fisicamente, constitui tortura contra o condenado, na medida em que o submete ao suplício de aguardar pela sua execução.

A prisão perpétua também não se coaduna com o conceito de dignidade, pois retira do ser humano algo que lhe é essencial, a esperança. "Pena excessivamente elevada gera desestímulo e revolta ao condenado; perde a vontade, o alento para um dia, ainda útil, recomeçar a vida em liberdade".[188]

Indigna esta pena, ainda, por não atender a qualquer função preventivo-geral ou especial, tendo, da mesma forma que a pena de morte, como único pressuposto a exclusão do indivíduo da sociedade, em concepção mais do que puramente retributiva, ou seja, *vingativa*.

Nesta linha de pensamento Paul Ricoeur observa que, além de certa duração, a pena implica um processo de dessocialização acelerado. "Uma fera, e não uma pessoa livre, é progressivamente engendrada pela exclusão, em detrimento de qualquer projeto de reinserção. Essa perspectiva preocupante não deixa de ter repercussões sobre os aspectos securitários da execução da pena. Permitam-me dizer a respeito que a noção de "perpetuidade real" constitui uma negação flagrante de qualquer ideia de reabilitação e, nessa qualidade, a negação absoluta de qualquer projeto de restabelecimento, na própria execução da pena, de uma justa distância entre o detento e o restante da sociedade".[189]

Os trabalhos forçados não se subsumem aos postulados de um Estado democrático de Direito, pois transformam o indivíduo em um escravo da sociedade ou do Estado, retirando-lhe por completo o poder de escolha, de *autodeterminação*. O ser humano, quando desprovido das mínimas opções, perde a sua natureza, para se transformar em *mero objeto*. Sem humanidade não há dignidade e, portanto, esta espécie de pena contraria os princípios constitucionais penais instituídos.

Quando da reforma da Parte Geral de 1984, que introduziu em nosso sistema a pena de prestação de serviços à comunidade, houve aqueles que levantaram dúvidas a respeito de sua constitucionalidade, sob o argumento de que equivaleria à sanção de trabalhos forçados ou à imposição de trabalho escravo.

Estas dúvidas, entretanto, afastadas de forma pacífica pela doutrina e pela jurisprudência, não poderiam mesmo subsistir.

A prestação de serviços à comunidade não se confunde com trabalhos forçados, pois enquanto nesta sanção a pessoa é privada de sua liberdade de ir e vir, da forma mais intensa, aquela tem por fim, exatamente, evitar essa privação, substituindo-a por atividade que não prejudique a vida normal do indivíduo e que traga vantagens à sociedade.

Acrescente-se, no que tange à afirmação de que se estaria criando espécie de trabalho escravo, a precisa explanação de Miguel Reale Jr.[190], que assim afastou, na oportunidade, por completo a ressalva: "Aqueles, que viram uma fonte de trabalho escravo na prestação de serviços à comunidade, esqueceram-se de que essa constitui, antes de mais nada, uma pena, não um emprego. É um ônus, não uma fonte de vencimentos, a não ser que se queira, impensadamente, pelo gosto da crítica, descuidar da dignidade do direito penal".

O banimento, por sua vez, priva o indivíduo de direitos constitucionalmente garantidos e que não podem ser excluídos por completo, tais como a possibilidade do condenado conviver com sua família, ainda que de forma limitada, e de permanecer em seu país de origem. Desse modo, contraria também a dignidade humana.

Quanto às penas cruéis, desnecessária seria a positivação constitucional dessa vedação, pois se incluem na proibição contida no inciso III, do art. 5º, supracitado. Reportamo-nos, portanto, aos comentários feitos àquele inciso para justificar a contrariedade entre estas espécies de penas e a dignidade do ser humano.

A derradeira garantia da aplicação do princípio da dignidade humana em matéria de penas é trazida pelo inciso XLIX, do art. 5º, da Constituição Federal, ao dispor que "é assegurado aos presos o respeito à integridade física e moral".

Por respeito à integridade física não se compreende apenas a proibição de agressões contra os presos, mas também o direito de receberem assistência médica, hospitalar e odontológica, e tudo o mais que seja necessário para que a sua condição de preso não afete a sua garantia de *acesso à saúde*.

Da mesma forma, "integridade moral" não constitui apenas a vedação de humilhações ao preso, mas representa, ainda, o direito que lhe deve ser proporcionado de possuir um mínimo de privacidade e intimidade, de conviver, mesmo que com as dificuldades resultantes de sua condição de privado do direito de ir e vir, com a família, de poder receber instrução, de exercer a liberdade de culto e religião, e de todos os outros direitos que não se incluam nas privações diretamente consequentes da pena privativa de liberdade imposta.

O princípio da dignidade humana, portanto, ao informar todo o sistema punitivo exige, para a sua concreção, não exclusivamente o afastamento de qualquer sanção cruel ou degradante – expressamente discriminadas e repelidas pela Constituição Federal -, mas, ainda, *que o indivíduo seja tratado como ser humano*. E, para tanto, a pena imposta deve garantir-lhe o exercício, mesmo que não de forma plena, de seus direitos fundamentais, ser proporcional ao ato praticado, de forma a observar o valor justiça, e respeitar a pessoa humana como ser único e insubstituível em sua racionalidade, portador de características essenciais que o diferenciam dos demais.

Todas as penas – e tratamentos indignos – neste capítulo analisadas estão definitivamente proscritas de nosso ordenamento jurídico, pois a sua vedação está inserida entre os direitos e garantias individuais, que, nos termos do art. 60, § 4º, inciso IV, da Constituição Federal, não estão sujeitos a proposta de emenda tendente à sua abolição. Emenda neste sentido, como dispõe o citado dispositivo constitucional, não será objeto de deliberação.

Assim, por atingir o núcleo irreformável da Constituição, qualquer proposta de emenda que tenha por fim adotar, por exemplo, a pena de morte ou de prisão perpétua, não poderá ser objeto de votação pelo Congresso Nacional, e, se o for, estará eivada de nulidade por ultrapassar os limites concedidos ao poder constituinte derivado.

O mesmo fundamento embasa, entre nós, a impossibilidade de instituição de um "direito penal do inimigo", contraposto ao "direito penal do cidadão", no qual os direitos e garantias fundamentais – e a própria característica de *pessoa* – poderiam ser afastados.

Günter Jakobs, o principal defensor deste "novo" direito penal, sustenta que aquele que se afasta de forma permanente do Direito, que assume posição de *confronto* contínuo ao sistema normativo, não pode usufruir a condição de *cidadão* e da característica de *pessoa*, devendo ser objeto de um *procedimento de guerra*, em suma, do tratamento dispensado ao *inimigo do Estado*, embora sob a égide da ordem jurídica instituída para tal fim.[191]

Trata-se o *direito penal do inimigo*, a nosso ver, de verdadeiro – e inadmissível - *sofisma*[192], pois ao "conceituar" alguns – ou determinado grupo de – delinquentes como "inimigos" – sem especificar quais seriam os pressupostos de tal caracterização -, retirando-lhes a condição de *pessoas*, pretende afastar as garantias e direitos que formatam o Estado democrático de Direito, sem o ônus, contudo, de admitir que se trata de proposta absolutamente incompatível com este modelo estatal. Representa, pois, uma quebra da ideia de *unidade da humanidade* no espaço e no tempo, do pensamento personalista de que "um homem, mesmo diferente, mesmo degradado, é sempre um homem, a quem devemos permitir que viva como um homem".[193]

De fato, tanto a Declaração Universal de Direitos Humanos como a Constituição Federal não admitem que ninguém seja tratado como "não pessoa", que lhe seja suprimida a citada "respeitabilidade mínima", de forma que inclusive o "inimigo" deve receber o tratamento de *pessoa humana*, pois, como adverte Marcelo A. Sancinetti, tal proceder define "a eticidade do próprio Estado de Direito, o qual não se pode permitir o tratamento desumano de ninguém. O Estado de Direito está obrigado à inclusão de todos e não pode permitir-se penas extraordinárias de exclusão, regidas por um chamado "direito penal do inimigo", que passariam a ser meras medidas de segurança".[194]

De se anotar, sobre a questão, que mesmo em "estado de guerra" não é admissível retirar-se do *inimigo* a condição de pessoa, conforme se depreende da Convenção de Genebra para o tratamento dos "prisioneiros de guerra" (ratificada pelo Brasil e introduzida em nosso ordenamento jurídico pelo Decreto n. 22.435/33). Com efeito, referida convenção, exatamente com o propósito de preservar a *dignidade humana*, estabelece uma série de garantias aos prisioneiros. Assim, apenas a título de ilustração do rol de garantias, em seu art. 2º dispõe que os prisioneiros de guerra "deverão ser tratados, em todas as circunstâncias, com *humanidade* e ser *protegidos especialmente contra atos de violência*, insultos e curiosidade pública", sendo proibidas contra eles as "medidas de represálias"; em seu art. 3º reza que "Os prisioneiros de guerra *têm direito ao respeito da sua pessoa e da sua honra*", devendo as mulheres ser "tratadas com todas as deferências devidas ao seu sexo"; o art. 10 prevê que os alojamentos dos prisioneiros devem apresentar "todas as garantias possíveis de higiene e salubridade" e encontrar-se ao abrigo da umidade, suficientemente aquecidos e iluminados, observadas as cautelas contra incêndio; o art. 11 determina que a ração alimentar seja equivalente à das tropas de depósito, bem como o fornecimento de água potável aos prisioneiros; os artigos 29 e 30 vedam o emprego dos prisioneiros em trabalhos para os quais sejam fisicamente incapazes, bem como o trabalho excessivo, assim considerado aquele que supere o dos trabalhadores civis da mesma região, garantido o repouso semanal; o art. 32 veda a alocação de prisioneiros em trabalhos insalubres ou perigosos e a agravação das condições de trabalho como medida disciplinar;

no art. 34 garante-se o percebimento de salário pelo trabalho desenvolvido; o art. 36, por sua vez, garante a comunicação com o exterior – correspondência; o art. 46, por fim – talvez o mais relevante para a matéria ora tratada – dispõe que "Aos prisioneiros de guerra não poderão ser aplicadas pelas autoridades militares e pelos Tribunais da Potência detentora outras penalidades que não previstas para os mesmos fatos *relativamente aos militares dos exércitos nacionais* [isto é, mesmo em tempo de guerra, em relação ao inimigo não se permite um tratamento *distinto* daquele dispensado ao *"cidadão"*, à pessoa humana como tal considerada]. Em igualdade de graduação, os oficiais, sargentos ou soldados prisioneiros de guerra que estejam cumprindo pena disciplinar não serão submetidos a tratamento menos favorável que aquele previsto, *no que diz respeito à mesma pena, nos exércitos da Potência detentora*. São proibidos todo *castigo corporal*, toda clausura em locais não iluminados pela luz do dia e, de uma maneira geral, *toda e qualquer forma de crueldade*. São igualmente proibidas as penas coletivas para atos individuais".

A isto se acrescenta, como sustenta Francisco Muñoz Conde, que os direitos e garantias fundamentais materiais e processuais do Estado de Direito são pressupostos irrenunciáveis de sua própria *essência*. "Se se admite sua derrogação, ainda que seja em casos pontuais extremos e muito graves, se tem que admitir também o desmantelamento do Estado de Direito, cujo ordenamento jurídico se converte em um ordenamento puramente tecnocrático ou funcional, sem nenhuma referência a um sistema de valores, ou, ou que é pior, referido a qualquer sistema, ainda que seja injusto, sempre que se tenha o poder ou força suficientes para impô-lo. O direito assim entendido se converte em um puro Direito de Estado, no qual o direito se submete aos interesses que em cada momento determine o Estado ou as forças que controlam ou monopolizam seu poder. O direito é então simplesmente o que em cada momento convém ao Estado, que é, ao mesmo tempo, o que prejudica e causa o maior dano possível a seus inimigos".[195]

Logo, por se tratar a dignidade da pessoa humana de *funda-mento*, verdadeiro pilar no qual se alicerça o Estado democrá-tico de Direito, não pode ser afastado, mesmo em hipóteses excepcionais, sob pena de desmoronamento de toda a estrutura sobre ele construída.

5.4. DIGNIDADE HUMANA E LIBERDADE

Se o princípio da liberdade implica restrição à atuação do Estado, que somente está autorizado a agir quando presente a hipótese legal, em um segundo plano consiste no reconhecimento de que o ser humano é capaz de autodeterminação, de que é *livre* para agir ou para se omitir, de que não se trata de um autômato passível de direcionamentos e condicionamentos, pois, se assim o fosse, descaracterizado restaria como *ser único e insubstituível* e, além disso, sentido algum haveria em se lhe conferir *liberdades* das quais, em verdade, não seria efetivamente *livre* para usufruir, mas apenas condicionado.

Representa a liberdade, nesta acepção, "que os seres humanos são possuidores de livre arbítrio [embora não absoluto] na medida em que têm Liberdade de escolha; isto quer dizer que suas escolhas efetivas, bem como o comportamento delas resultante não são determinadas causalmente, constituindo apenas eventos acidentais [ou, como preferimos, deliberados](...). O comportamento involuntário é não-livre, bem como não-livres são as ações não deliberadas, como as que o agente foi condicionado a cumprir"[196].

Nos termos das observações de Fábio Konder Comparato, "tal equivale a dizer que só o ser humano é dotado de liberdade, e, por conseguinte, de responsabilidade; isto é, só ele é capaz de escolher conscientemente as finalidades de suas ações, finalidades que podem se revelar boas ou más para si e para outrem, devendo, portanto, o agente responder perante os demais pelas consequências dos seus atos. Em outras palavras, só o homem, como Aristóteles já havia assinalado, é, pela sua própria essência, um ser ético, que tem consciência do bem e do mal, capaz das maiores crueldades e vilanias, assim como dos gestos mais heroicos e sublimes".[197] Realmente, tanto a tortura como a guerra são próprias do homem, assim como o seu combate e a luta pela paz e pela justiça, de forma que se pode afirmar que a miséria do homem é que somente os humanos podem ser desumanos enquanto que a sua grandeza traduz-se em que também apenas os homens podem e devem tornar-se humanos.[198]

A liberdade, neste sentido, implica a admissão, como sustentava Locke, da existência da *vontade* do homem, de seu "poder de começar ou não começar, continuar ou interromper certas ações do nosso espírito, ou certos movimentos de nosso corpo, simplesmente com um pensamento ou com as preferências do próprio espírito"[199], de forma consciente.

Esta liberdade é *expressão* da dignidade humana[200], pois reflete o caráter superior e insubstituível do *ser* – humano – e revela que somente o homem é dotado de domínio sobre os atos que o conduzirão a seus distintos objetivos, ou seja, que o homem, em certa medida, em razão de sua capacidade criativa e eletiva, é seu próprio modelador e criador[201]; ou, dito de outra forma, mas na essência o mesmo: a "liberdade é dada ao homem para que ele possa realizar a si mesmo, seu próprio ser; porque ele realiza aquilo que a natureza apenas começou a esboçar".[202]

O princípio da liberdade, portanto, em síntese, possui duplo aspecto: por um lado representa uma *garantia*, pois sujeita a limitação ao *poder de escolha e de ação* do homem à *lei*, que somente pode ser promulgada se observar os procedimentos constitucionalmente estabelecidos – aspecto formal – e se guardar compatibilidade com as finalidades do sistema constitucional estabelecido e com o Estado democrático de Direito – regra de conteúdo ou aspecto material; por outro reconhece o homem como ser dotado de capacidade de autodeterminação, de acordo com a sua vontade consciente e que, por isso, deve ser tratado como um fim em si mesmo e não como instrumento para a obtenção de objetivos do Estado.[203]

6. PRINCÍPIO DA PESSOALIDADE

Representa o *princípio da pessoalidade* a limitação dos efeitos primários da pena à pessoa do condenado, do *responsável* pelo ilícito penal cometido.

Este princípio encontra positivação constitucional no art. 5º, inciso XLV, da Constituição Federal, que dispõe: "nenhuma pena passará da pessoa do condenado, podendo ser a obrigação de reparar o dano e a decretação de perdimento de bens, nos termos da lei, estendidos aos sucessores e contra eles executados, até o limite do valor do patrimônio transferido".

A aplicação do princípio da pessoalidade veda por completo a odiosa prática, tão presente no direito penal das Ordenações[204], de extensão dos efeitos das sanções penais aos descendentes e familiares do criminoso, atendendo-se, assim, também ao princípio do *ato* ou da *culpabilidade pelo fato*.

Aos sucessores do *condenado* a Constituição permite, tão somente, a responsabilização *patrimonial* decorrente do dever de reparar o dano e do perdimento de bens, responsabilidade esta limitada, contudo, ao montante do patrimônio transferido *por força da sucessão.*[205]

É certo que, muita vez, a condenação atinge, de modo reflexo, as pessoas que estão diretamente ligadas ao condenado, pois retira do convívio familiar o ser amado e obstaculiza a fonte de renda responsável pela manutenção das despesas do lar.

Observa Luiz Luisi, entretanto, que para reduzir essas consequências as legislações vêm prevendo a criação de institui-ções aptas a prestar assistência à família do condenado.[206]

Assim, prevê a Lei de Execução Penal, a título de ilustração, em seu art. 22, inciso XVI, que incumbe ao serviço social orientar e amparar, quando necessário, a família do internado e que o pro-duto da remuneração do trabalho do preso deverá atender, den-tre outros fins, à assistência da família.

De qualquer forma, o que pretende o princípio da pessoalidade é obstar a responsabilização ou sofrimento de pena por quem não tenha *participado* do fato criminoso, o que não se confunde com os efeitos deletérios sofridos pelas pessoas próximas do agente em razão da condenação.

7. PRINCÍPIO DA INDIVIDUALIZAÇÃO DA PENA

7.1. Conceito

A Constituição Federal de 1988 elevou o princípio da *individualização da pena* à categoria de *direito* constitucional, ao dispor, em seu art. 5º, inciso XLVI, que "a *lei* regulará a individualização da pena", e, em seu inciso XLVIII, que "a pena será cumprida em estabelecimentos distintos, de acordo com a natureza do delito, a idade e o sexo do apenado".

O princípio da individualização da pena também é decorrente da admissão, entre nós, da dignidade humana como *fundamento* do sistema penal.

Com efeito, se a pessoa humana, por força da dignidade que a caracteriza, trata-se de ser único e insubstituível, assim deve ser tratada, inclusive quando sujeita a uma sanção penal, não podendo ser considerada como um mero *número* que compõe o sistema.

Logo, podemos conceituar a individualização da pena como o *processo pelo qual, mediante a mensuração da quantidade e qualidade da pena – fixação e execução -, objetiva-se atingir os seus fins – reprovação proporcional e prevenção -, considerando-se as características essenciais de seu sujeito passivo e da conduta ilícita perpetrada.*

A individualização compreende três fases.

A primeira etapa deste processo consiste na *cominação* da sanção ao delito, a individualização legal, com o estabelecimento da espécie de pena e de seus limites mínimo e máximo.

O legislador, ao fixar estes limites, objetiva oferecer parâmetros ao Estado-juiz, a fim de que este possa aplicar corretamente a pena, atendendo aos fins da proporcionalidade – justiça – e da prevenção geral.

Uma real individualização exige que a pena seja determinada, explícita e precisa, mas nunca fixo o seu *quantum*, pois, do contrário, retirar-se-ia do julgador a possibilidade de efetivamente individualizar a pena no caso concreto.[207]

Consequências extremamente relevantes originam-se nesta fase, tais como os regimes de cumprimento de pena privativa de liberdade aplicáveis e o cabimento da transação penal ou da suspensão condicional do processo (artigos 76 e 89, da Lei n. 9.099/95).

Diante da conduta concretamente considerada, surge a segunda fase do processo de individualização, isto é, a aplicação da pena.

Para tanto, deverá o juiz apreciar a *culpabilidade*, a *personalidade*, os antecedentes e a conduta social do agente, as circunstâncias e consequências do crime, bem como o comportamento da vítima (art. 59, do Código Penal). Se a lei traz em si um esforço de proporcionar a pena abstrata às circunstâncias do delito, de seu autor, é ao juiz que cabe efetivar esta proporcionalidade.[208]

A culpabilidade, tendo por objeto o *fenômeno* crime, constitui um juízo de valor não somente sobre o próprio ato, em si mesmo considerado, mas ainda em relação ao que se revelou da *personalidade*[209], da opção existencial do espírito humano que o produziu.

Posicionamento semelhante é adotado por Jorge de Figueiredo Dias ao sustentar: "Daí que o juiz, ao emitir o juízo de culpa ou a medir a pena, não possa furtar-se a uma *compreensão* da personalidade do delinquente, a fim de determinar o seu desvalor ético-jurídico e a sua desconformação em face da personalidade suposta pela ordem jurídico-penal. A medida desta desconformação constituirá a medida da *censura pessoal* que ao delinquente deve ser feita e, assim, o critério essencial de medida de pena".[210]

O direito penal que pretenda realizar justiça não pode ser um puro direito penal do fato, pois os fatos, isolados de seu contexto e descolados de suas circunstâncias circundantes não possibilitam implicações valorativas subjetivas; também não pode ser um mero direito penal de autor - cujos efeitos danosos à liberdade foram inequivocamente comprovados pela história -, pois a moral, enquanto circunscrita ao plano pessoal e sem capacidade de causar prejuízos a outrem, pertence apenas a cada um. Um direito penal *justo*, portanto, é um direito penal do *ato*, que é constituído pelo *fato*, mas também por seu *autor*, uma vez que o ato pertence a quem o *produz* e é expressão de sua personalidade. O ato *supera o fato*, pois é o fato somado ao seu autor e impregnado pelas características pessoais deste. Logo, na apreciação do ato, na segunda fase da individualização da pena, isto é, em sua aplicação, valora-se o fato, o acontecimento – aspecto objetivo -, mas também o seu contexto ético e seu agente – aspecto subjetivo.

A *individualização judicial da pena*, portanto, além das circunstâncias objetivas do fato – por exemplo: modo de execução, grau de lesão ao bem jurídico, etc. -, tem como objeto de valoração o *comportamento total* do sujeito, isto é, não somente os elementos exteriores da conduta, mas também o seu aspecto *subjetivo*. Antigos conceitos, então, como de *personalidade voltada para o crime* e de *intensidade do dolo*, que por muitas vezes foram utilizados como um mero recurso *retórico* e, por isso, foram rechaçados pelas "modernas tendências" do direito penal, ganham com a interpretação aqui formulada *fundamentação* e *conteúdo* e permitem, pois, a elaboração de um direito penal e de uma teoria da culpabilidade de feição mais personalista.

Na individualização judicial da pena deve o juiz, ainda, observar a maior reprovabilidade – culpabilidade - que recai sobre os portadores de *maus antecedentes* e *reincidentes*, pois daquele que já tomou contato com a Justiça Criminal e obteve, do Estado, a reafirmação da escala valorativa vigente – condenação -, há de se esperar que observe o complexo normativo e se motive pelas prescrições dele decorrentes, pois antes atingido, de forma direta, pelas consequências de tal inobservância – tendo sido delas, portanto, inequivocamente alertado.

Isto nada tem a ver, como pretendem alguns, com influência do "direito penal do inimigo" em nosso ordenamento jurídico[211], na medida em que a reprovabilidade penal superior fundada na *consciência, autonomia* e *liberdade* do sujeito que perpetrou o ato ilícito, constitui verdadeira antítese em relação à desconsideração da qualidade de *pessoa* do agente, preconizada por Jakobs. Acrescente-se que a consideração da reincidência[212] e maus antecedentes, quando da fixação da pena, tem por única finalidade *individualizá-la.*

Com a aplicação da sanção advém a possibilidade de substituição da pena privativa de liberdade por uma das penas restritivas de direitos ou pela pena de multa, desde que preenchidos os pressupostos objetivos e subjetivos, e a viabilidade da suspensão condicional da pena (*sursis*).

Por fim, concretiza-se a individualização, também, na execução da pena, que constitui a sua terceira fase, com a classificação dos condenados e colocação em sistema penal adequado, determinação e atribuição de trabalhos e deveres, concessão ou indeferimento dos institutos de evolução para a readaptação social no cumprimento da sanção – progressão de regime, livramento condicional, conversões, saída temporária, entre outros -, e estabelecimento das condições do livramento condicional.

7.2. INDIVIDUALIZAÇÃO E SISTEMA PROGRESSIVO

Regime penitenciário constitui o *complexo de condições a que deve ser sujeito o condenado para cumprimento da pena privativa de liberdade aplicada*; representa a forma de execução desta sanção penal "no tocante à intensidade modulada de redução da liberdade".[213]

Nossa legislação prevê três espécies de regimes penitenciários, de acordo com o rigor da privação da liberdade: fechado, semiaberto e aberto.

Por regime fechado entende-se a forma de cumprimento da pena privativa de liberdade em estabelecimento penal de segurança máxima ou média. Nele o condenado fica sujeito ao trabalho no período diurno, no interior do estabelecimento ou fora dele, *com vigilância*, e ao isolamento no período noturno.

No regime semiaberto a pena é cumprida em colônia agrícola, industrial ou similar, de segurança mínima. O condenado deve exercer trabalho em comum no período diurno, sendo admissível o trabalho externo, bem como a frequência a cursos supletivos profissionalizantes, de instrução de segundo grau ou superior, o que não encontra previsão para o regime fechado.

Por fim, no regime aberto, baseado na autodisciplina e senso de responsabilidade do condenado, inexistem aparatos de segurança contra a fuga. Nele o sentenciado deve, no período diurno, sem vigilância e fora do estabelecimento, trabalhar, frequentar curso ou exercer outra atividade autorizada, e permanecer recolhido durante o período noturno e nos dias de folga.

Para a fixação do regime inicial de cumprimento da pena privativa de liberdade a nossa legislação adotou o sistema da discricionariedade judicial limitada, mediante o qual, diante das circunstâncias do art. 59, do Código Penal, deve o julgador, observadas as limitações a ele impostas, determinar o regime inicial de cumprimento de pena mais adequado ao sentenciado.

Ao condenado a pena superior a oito anos, ainda que primário, deverá ser imposto, obrigatoriamente, o regime inicial fechado, não podendo haver mitigação pelo juiz.

Ao condenado não reincidente, cuja pena não exceda a oito anos e que seja superior a quatro, *poderá* ser imposto regime inicial semiaberto, e àquele também não reincidente, cuja pena seja igual ou inferior a quatro anos, *poderá* ser imposto o regime inicial aberto.

Ao condenado reincidente, tratando-se de crime apenado com reclusão, deverá ser imposto, desde o início, o regime fechado ou, se punido com detenção, o regime semiaberto.

Esta obrigatoriedade limitadora da discricionariedade judicial, embora passível de sérias críticas, pois por vezes impeditiva da aplicação da sanção *mais adequada* ao condenado, não pode ser excluída pelo intérprete, pois as alíneas "b" e "c", do art. 33, § 2º, do Código Penal rezam, de forma expressa, que os regimes aberto e semiaberto somente são aplicáveis aos *não reincidentes*.

A não observância do dispositivo e aplicação de regime diverso do legalmente determinado aos reincidentes, a nosso ver, não constituiria interpretação, pois ultrapassa os limites desta, mas atividade atípica do julgador, na medida em que estaria simplesmente desconsiderando o teor da lei constitucional para criar outra norma e aplicá-la ao caso concreto.

Ao Estado-juiz, entretanto, como já sublinhado ao tratarmos do princípio da legalidade, não é dado o poder de revogar leis e muito menos o de legislar, motivo pelo qual, ainda que não totalmente adequado, deve ser aplicado o regime prisional mais gravoso ao condenado reincidente.

Apresentados os regimes penitenciários, podemos analisar, em caráter sintético, a relação entre princípio da individualização e sistema progressivo.

Estabeleceu a nossa legislação, para o cumprimento das penas privativas de liberdade, um *sistema progressivo brasileiro*, mediante o qual, observados pressupostos *objetivos* e *subjetivos*, permite-se, durante o curso da execução da sanção penal imposta, a transferência do condenado para regime prisional menos rigoroso, tendo-se por última etapa do sistema o instituto do *livramento condicional*.[214]

O sistema progressivo constitui parcela significativa da *regulamentação legal* para a individualização da pena, especialmente no que toca à sua *execução*. Tem, portanto, como fonte a *legislação ordinária*, e é destinada a operacionalizar, *em parte*, norma constitucional disciplinadora dos direitos e garantias individuais.

A finalidade primordial do sistema progressivo é a de permitir a reinserção *gradual* do condenado na sociedade, com a participação desta, de forma a diminuir as probabilidades e causas da reincidência. Trata-se, pois, de um importante componente "ressocializador", consistente no estímulo conferido ao condenado para retornar à sociedade em prazo menor que o fixado na sentença condenatória.

O sistema, entretanto, em virtude de inúmeras deficiências de quantidade e estrutura dos estabelecimentos penitenciários, bem como pela completa ausência de acompanhamento dos condenados, não surtiu, após mais de 30(vinte) anos de sua instituição, os objetivos almejados.[215]

Que o sistema progressivo *regulamenta* e *concretiza*, repita-se, *em parte*, o princípio constitucional da individualização, não há dúvida. Mas a progressão de regime, em si mesma, constitui uma *garantia* constitucional?

Embora o posicionamento neste sentido fundamente-se em argumentos sólidos, a ele não podemos aderir.

Em primeiro lugar porque, como vimos, a individualização não se limita ao sistema progressivo, e muito menos ao instituto da progressão de regime.

Ao contrário, este instituto constitui apenas *uma das formas* de concretização do princípio constitucional, quando na fase da execução. A individualização, contudo, tem sua efetivação iniciada já na cominação das penas, e inclui a fixação da sanção, a atribuição de trabalho ao condenado e sua colocação em estabelecimento penal adequado, entre outras providências.

Em segundo lugar porque o sistema progressivo possui como fonte a legislação ordinária, e não a Constituição Federal, o que possibilita ao legislador, portanto, restringir ou até mesmo eliminar a sua incidência para determinados tipos legais de crimes, sem que tal providência constitua afronta à Constituição, na medida em que não haverá com isto qualquer violação a preceito constitucional e muito menos aos direitos e garantias individuais.

Este entendimento prevaleceu no Supremo Tribunal Federal por mais de quinze anos. A título de ilustração, trazemos à colação a ementa do HC n. 69.603-1, relatado pelo então Ministro Paulo Brossard, publicado no D.J.U. de 04.02.1993, p. 759:

"INDIVIDUALIZAÇÃO DA PENA – Regulamentação de-

ferida pela própria norma constitucional, ao legislador ordinário – À lei originária compete fixar os parâmetros dentro dos quais poderá o Julgador efetivar a concreção ou a individualização da pena – Se o legislador dispôs, no uso da prerrogativa que lhe foi atribuída pela norma constitucional, que nos crimes hediondos o cumprimento da pena será no regime fechado, significa que não quis ele deixar, em relação aos crimes dessa natureza, qualquer discricionariedade ao Juiz na fixação de regime prisional".

A questão aparentemente pacificada, contudo – tanto que objeto da súmula n. 698 do STF -, em virtude das alterações de composição do Supremo Tribunal Federal, especialmente no período compreendido entre os anos de 2002 a 2006, voltou ao centro do debate e acabou por ter a sua interpretação alterada.

De fato, a Corte Suprema, por seu Plenário, no julgamento do habeas corpus n. 82.957-7, realizado em 23 de fevereiro de 2006 e relatado pelo Ministro Marco Aurélio, acabou por declarar a inconstitucionalidade de previsão legal de cumprimento integral de pena privativa de liberdade em regime fechado e adotar nova orientação, no sentido de que o instituto da *progressão de regime* é ínsito à execução da pena de prisão, não podendo ser afastado sem que se viole a garantia constitucional da individualização da pena:

"PENA – REGIME DE CUMPRIMENTO – PROGRESSÃO – RAZÃO DE SER. A progressão de cumprimento de pena, nas espécies fechado, semi-aberto e aberto, tem como razão maior a ressocialização do preso que, mais dia ou menos dia, voltará ao convívio social.

PENA – CRIMES HEDIONDOS – REGIME DE CUMPRI-

> *MENTO – PROGRESSÃO – ÓBICE – ART. 2º, § 1º, DA LEI N. 8.072/90 – INCONSTITUCIONALIDADE – EVOLUÇÃO JURISPRUDENCIAL. Conflita com a garantia da individualização da pena – art. 5º, inciso XLVI, da Constituição Federa – a imposição mediante norma, do cumprimento da pena em regime integralmente fechado. Nova inteligência do princípio da individualização da pena, em evolução jurisprudencial, assentada a inconstitucionalidade do art. 2º, § 1º, da Lei n. 8.072/90"*

A matéria, após sucessivos julgamentos no mesmo sentido, foi sintetizada pela súmula vinculante n. 26, de cumprimento obrigatório pelas instâncias inferiores: "Para efeito de progressão de regime no cumprimento de pena por crime hediondo, ou equiparado, o juízo da execução observará a inconstitucionalidade do art. 2º da Lei n. 8.072, de 25 de julho de 1990, sem prejuízo de avaliar se o condenado preenche, ou não, os requisitos objetivos e subjetivos do benefício, podendo determinar, para tal fim, de modo fundamentado, a realização de exame criminológico".

Assim, ressalvado o nosso posicionamento de que à individualização da pena não se apresenta como indispensável a possibilidade de progressão de regime, impõe-se reconhecer que o Supremo Tribunal Federal, ao qual cabe a guarda da Constituição Federal, em última instância, adota interpretação oposta, isto é, de que a vedação abstrata à progressão contraria aquela garantia.

8 – O SENTIDO HARMÔNICO
DOS PRINCÍPIOS

Os princípios elementares – cujas raízes estão fincadas na Constituição Federal – apresentados constituem, como afirmamos no início deste capítulo, as bases estruturais do sistema de Direito Penal e representam, em suma, a concretização do direito à liberdade do indivíduo, na medida em que conformam, em bases rígidas, as possibilidades e limites da intervenção estatal na restrição desse direito.

Em virtude dessa finalidade de *estruturação de um sistema*, os princípios convergem, como partes, para a formação do todo – ordenamento – e, portanto, devem sempre ser compatíveis, congruentes e coerentes entre si, sob pena de quebra da racionalidade do próprio sistema.

Realmente, tratando-se o ordenamento de um sistema lógico ou que ao menos pretende ser lógico, deve basear-se nos princípios da não-contradição e da coerência. O *princípio da coerência*, como sustenta Bobbio: "consiste em negar que nele *[no ordenamento jurídico]* possa haver antinomias, isto é, normas incompatíveis entre si. Tal princípio é garantido por uma norma, implícita em todo ordenamento, segundo a qual duas normas incompatíveis (ou antinômicas) não podem ser ambas válidas, mas somente uma delas pode (mas não necessariamente deve) fazer parte do referido ordenamento; ou, dito de outra forma, a compatibilidade de uma norma com seu ordenamento (isto é, com todas as outras normas) é condição necessária para a sua validade".[216]

Nisto consiste o sentido *harmônico* dos princípios de direito penal, pois se trata de *vetores* que apontam sempre para o mesmo sentido, isto é, a realização do ser humano como valor supremo do Estado, que, isoladamente considerados, não são aptos a cumprir plenamente essa missão. Proporcionam os princípios, assim, a preservação da *lógica* do ordenamento jurídico.

Mas é o ordenamento jurídico um sistema lógico?

Fábio Ulhoa Coelho, embora negue o caráter lógico do Direito, sustenta que tal sistema "não é aleatório. Os integrantes da comunidade jurídica não podem formular livremente a norma que desejarem em seu pensamento e pretendê-la vigente. O sistema jurídico *tem uma congruência, uma unidade.* Se os elementos de seu repertório (as normas, as proposições, as súmulas, etc.) não se encontram relacionadas logicamente, com certeza eles mantêm uma relação de natureza diversa. Uma relação que, por outro lado, também não poderia ser considerada ilógica, porque se pretende lógica, se apresenta como tal. Assim, proponho que se considere de caráter pseudológico a congruência do sistema jurídico".[217]

Artur Kaufmann adverte que "é indiscutível haver também na ciência do direito e na filosofia do direito critérios de verossimilhança, de evidenciação, de falsificação e, assim, uma base para uma *argumentação razoável,* bem como para um *consenso intersubjetivo.* Daí fazer sentido, afinal, falar, também aqui, de "conhecimentos" e de "ciência". É claro que, nestes domínios, não existe uma racionalidade no sentido de exactidão matemática. No entanto, isto não quer dizer que aí se proceda irracionalmente (...). Uma ciência não pode, naturalmente, colocar-se em confronto com a lógica. Mas uma ciência que não se ocupa apenas do formal [como o direito penal] tem de ir para além da lógica formal. O que ela não pode exceder é a razão" ("A problemática da filosofia do direito ao longo da história".[218]

O Direito pode, de fato, não ser lógico na sua elaboração, apresentação – pois, eventualmente, passível de conter antinomias e lacunas -, mas *deve ser* lógico em sua aplicação, *operacionalização*, pois cabe ao Juiz, ao dizê-lo, *superar* as proposições colidentes – aplicando apenas uma delas e, de certa forma, negando validade àquela afastada – e eventuais lacunas, pelos métodos de integração. A coerência e unidade do ordenamento, dessa forma, ainda que não admitido o sistema jurídico como de configuração estritamente lógica, restam íntegras, e especialmente pela aplicação de seus princípios gerais e elementares, que guardam, conforme já salientado, um caráter harmônico.

Em sentido próximo posiciona-se Goffredo Telles Júnior: "O direito positivo é *o direito contra o qual não há direito*. Quando, eventualmente, um Direito Positivo é invocado para combater outro Direito Positivo, somente um desses direitos é Direito Positivo *válido*. O outro direito terá de ser declarado *inválido*, inexistente, por decisão dos juízes. Contra o Direito Positivo válido, não há direito nenhum".[219]

Na mesma linha o posicionamento de Baumann: "É tarefa do jurista criar, da multiplicidade das regulamentações legais, o edifício do direito, cerrado e não contraditório, recorrendo à sistematização, à interpretação retificadora e ao complemento"[220]

Esta harmonia e interdependência restaram claras após a análise dos princípios em espécie.

Com efeito, interpretados conjugadamente os princípios, temos que, para a configuração de uma conduta como delito, indispensável é a existência de uma lei anterior, promulgada de acordo com o processo legislativo constitucionalmente estabelecido, que descreva, de forma certa e inconfundível, o comportamento como crime – legalidade.

Somente isto, entretanto, não basta.

A ação deve representar também significativa, intolerável ofensa a um bem jurídico – valor – tutelado pela Constituição Federal – lesividade – e ser imputável ao agente ao menos a título de culpa – culpabilidade.

O comportamento formalmente previsto como delito mediante um tipo penal, mas que não representa uma lesão expressiva a um bem jurídico, ou que apenas é fruto de mero *nexo causal*, não preenche os requisitos necessários à caracterização do delito.

De igual modo, ainda que intolerável uma conduta, face à lesividade que encerra, não poderá ser tida como criminosa se não houver, pela legislação penal, previsão da matéria de proibição em um tipo penal.

Em relação à pena observa-se, também, esta integração no que se refere aos princípios elementares.

O princípio da *dignidade humana*, ao informar todo o sistema punitivo exige, para a sua concreção, não apenas o afastamento de qualquer sanção cruel ou degradante – expressamente discriminadas e repelidas pela Constituição Federal -, mas, ainda, que o indivíduo seja tratado como *pessoa*. E, para tanto, a pena imposta deve garantir-lhe o exercício, mesmo que não de maneira plena, de seus direitos fundamentais, ser proporcional ao ato ilícito praticado, de forma a observar o valor *justiça* – culpabilidade – e respeitar a pessoa humana como ser único e insubstituível em sua racionalidade, portador de características essenciais que o diferenciam dos demais – pessoalidade e individualização.

Também se completam e se sustentam, reciprocamente, os princípios da culpabilidade e da individualização, pois ao mesmo tempo em que a noção de *proporcionalidade* pressupõe levar em consideração as circunstâncias e consequências do comportamento, e as características de seu agente, a individualização correta e efetiva implica a observância da culpabilidade. Impossível falar-se em culpabilidade na ausência de qualquer discricionariedade do Juízo para a fixação da sanção em relação à sua quantidade e qualidade, ou em individualização justa sem o requisito da proporcionalidade da pena.

A interdependência entre os princípios, portanto, verifica-se também em relação à pena, pois não há como se garantir a *dignidade humana*, em um sentido *material* – e não apenas retórico – sem a observância dos demais princípios elementares.

V – POLÍTICA CRIMINAL

1 – Conceito

A expressão política criminal não conta com um conceito unânime da doutrina penal.

Basileu Garcia a define como a ciência e a arte dos meios preventivos e repressivos que o Estado dispõe para atingir o fim da luta contra o crime. Examina o direito em vigor e, em resultado da apreciação de sua idoneidade na proteção contra os criminosos, trata de aperfeiçoar a defesa jurídico-penal contra a delinquência, sendo o seu meio de ação, portanto, a legislação penal[221].

Jiménez de Asúa sustenta que a política criminal é um conjunto de princípios fundados na investigação científica do delito e da eficácia da pena, por meio dos quais se luta contra o crime, valendo-se, não apenas dos meios penais, mas também dos de caráter assegurativo[222].

Zaffaroni e Pierangelli, por sua vez, afirmam que a política criminal é a ciência ou a arte de selecionar bens jurídicos que devem ser tutelados penalmente e os caminhos para tal tutela, o que implica a crítica dos valores e caminhos já eleitos[223].

Pensamos que a política criminal não pode ser caracterizada como uma ciência, pois apesar de valer-se em muitas oportunidades de dados científicos, estes, em verdade, pertencem a outros ramos do saber – ciências -, no mais das vezes à própria ciência jurídica. Além disso, o aperfeiçoamento da legislação penal e suas consequentes modificações, visados pela política criminal, estão, em muitas proposições, carregados por componentes ideológicos, que não podem ser considerados substratos científicos.

Com efeito, se tomarmos apenas a título de exemplo de matéria político-criminal a discussão a respeito da descriminalização do aborto, embora haja, por um lado, argumentos científicos para a sua adoção, regulamentação e realização regrada pelo Estado – prevenção da saúde pública e da gestante em particular, diminuição dos gastos do poder público como tratamento das consequências dos abortos clandestinos -, a questão é abordada, em maior parte, sob pontos de vista estritamente ideológicos.

Os grupos católicos de religiosos em geral posicionam-se contrariamente à descriminalização, sob o fundamento de que o homem não pode se opor, deliberadamente, à vontade de Deus, isto é, não pode evitar o nascimento de uma criança e contrariar o mandamento "crescei e multiplicai-vos".

Os grupos favoráveis à descriminalização, por seu turno, embora abordem, de forma periférica, os dados científicos supramencionados, centram o debate na liberdade de agir do ser humano, e mais, na liberdade da mulher "fazer o que quiser com o próprio corpo".

O conjunto de convicções ideológicas, os diversos modos de pensar peculiares aos grupos sociais, portanto, influenciam e informam a política criminal tanto ou mais que as razões científico-jurídicas, motivo pelo qual não há como se considerar esta disciplina uma ciência.

A política criminal é, antes de tudo, uma das várias *políticas* do Estado e da sociedade, que, por isso, não conta sempre com uniformidade, pois representa o resultado do *enfrentamento*, no plano das ideias, de grupos com posicionamentos distintos.

Todas as vezes que um dos grupos, no plano legislativo, sai

vencedor nessa luta de ideias, origina-se a crítica do grupo contrário, que passa a trabalhar para reformar a modificação legal introduzida.

Esta constante "batalha" de convicções é a responsável pelo dinamismo do direito penal, na medida em que, diante da transformação social, fortalecem-se as posições de uma ou outra tendência.

Logo, diante do exposto, podemos formular o seguinte conceito de política criminal: *a crítica do direito criminal, fundada em argumentos jurídicos ou ideológicos – ou em ambos -, tendente a modificar ou reformar os institutos e sistema de direito penal vigentes, que implica o dinamismo desta disciplina.*

2 – MODERNAS TENDÊNCIAS DE POLÍTICA CRIMINAL

2.1. Movimento de Lei e Ordem

Originado nos Estados Unidos da América, o movimento *law and order* provocou, nas últimas décadas do século XX, sensíveis modificações na política criminal e legislação penal daquele país, tendo chegado a sua influência ao Brasil especialmente na década de 1990.

Este movimento, integrado principalmente por políticos com inclinações contrárias às conquistas das organizações de defesa dos direitos humanos, e pela mídia voltada à população econômica e culturalmente menos favorecida, parte do pressupostos de que a criminalidade e a violência encontram-se em limites incontroláveis, e que este fenômeno é fruto de legislação penal muito branda e dos benefícios excessivos conferidos aos criminosos, pois não têm estes o receio de sofrer a sanção[224].

Há na sociedade, assim, instaurada uma guerra: de um lado os criminosos, que cada vez mais atemorizam a sociedade e desrespeitam a lei impunemente; de outro os homens de bem, trabalhadores, cumpridores da lei e que prezam a ordem, mas que se encontram em situação de "reféns" dos delinquentes, "presos em suas próprias casas" e constantemente em pânico.

É preciso, pois, inverter esta batalha, objetivo que somente pode ser atingido conferindo-se aos "homens bons" armas eficazes para lutar contra os "homens maus".

O primeiro instrumento a ser utilizado nesta batalha, sem dúvida, é a sanção penal, que não deve ter uma preocupação preventivo-especial de reintegração social do criminoso, mas antes representar uma retribuição acentuada, exemplar. O mal deve ser pago com o mal, o que, se observado, implicará uma redução da criminalidade, pois o delinquente, diante da gravidade da sanção, terá o temor de incorrer na conduta ilícita.

Para que a sanção, entretanto, cumpra o seu objetivo, necessárias são diversas alterações na legislação penal.

A primeira, e mais relevante, é a de recepcionar no ordenamento a pena de morte, única adequada para crimes considerados repugnantes, cujos autores não merecem uma "segunda chance" por parte da sociedade.

Ao lado da pena de morte, a pena de prisão, inclusive perpétua, constitui o meio correto de retribuição ao mal praticado. A privação da liberdade deve ter longos prazos e regime rígido de cumprimento, de forma a efetivamente punir, de modo exemplar, o autor da conduta delitiva.

Mas não apenas a introdução de novas penas gravíssimas e a elevação no prazo de cumprimento da pena privativa de liberdade são suficientes nesta "batalha contra o crime".

No campo processual penal o movimento de lei e ordem reclama alterações do sistema, com a adoção, quase sempre obrigatória, da prisão provisória como uma resposta imediata ao crime praticado.

Nos crimes considerados graves, o princípio da presunção da inocência ou da não-culpabilidade cede lugar a uma presunção de culpabilidade, que acarreta ao suspeito, já durante o processo, um tratamento equivalente ao dispensado ao condenado.

Quanto à execução da pena, deve haver, para este movimento,

praticamente a sua administrativização, com a redução, ao mínimo, dos poderes do Juiz e possibilidades de sua intervenção para a concessão de benefícios ao preso.

Apresentados os essenciais postulados deste moderno movimento de política criminal, cabe-nos analisar, em primeiro lugar, se guarda compatibilidade com nossos modelos constitucional e social e se, diante da realidade vivida e, principalmente, das conquistas que obteve em matéria legislativa, alcançou ou pelo menos se aproximou dos objetivos almejados.

Temos a convicção de que as respostas a todas essas questões são negativas.

O movimento de lei e ordem representa a perspectiva de um direito penal simbólico, uma onda propagandística dirigida principalmente às massas populares, por aqueles que, preocupados em desviar a atenção dos graves problemas sociais e econômicos, tentam encobrir que estes fenômenos desgastantes do tecido social são – evidentemente entre outros – os principais fatores determinantes que desencadeiam o aumento, não tão desenfreado e incontrolável quanto alarmam, da criminalidade.

Assim, colocando-se na posição de defensores do povo, tomam o combate aos "homens maus", aos delinquentes – "vagabundos", no jargão policial -, que constituem um câncer na vida em sociedade, como bandeira política e, principalmente, eleitoral.

O resultado político-criminal das medidas penais reivindicadas é o que menos merece a preocupação dos seus partidários, pois o que guarda relevância é a apresentação, na mídia, de respostas "corajosas" aos fatos que desassossegam a sociedade.

A adoção dos postulados do movimento de lei e ordem implica uma quebra do sistema constitucional instituído e do Estado democrático de Direito, pois, como sustentamos no decorrer de todo este trabalho, o direito penal brasileiro é informado pelo fundamento da dignidade da pessoa humana, que exige, para a sua concretizaçâo, a observância dos princípios penais estabelecidos pela Constituição.

Logo, inviável, sob pena de incursão em inconstitucionalidades, a elaboração de uma legislação penal de terror, que coloque o criminoso em uma posição diversa dos "homens de bem", sujeito ao suplício e à supressão de todos os direitos garantidos à pessoa humana – *direito penal do inimigo.*

Os pressupostos do movimento de lei e ordem vão de encontro aos valores supremos da democracia e da justiça e, portanto, representam manifesta violação à característica liberal dos fundamentos do Estado democrático de Direito.

Mas, ainda que apreciada a questão sob o aspecto puramente pragmático, de resultados "da luta contra o crime", não se justifica a pretendida forte exacerbação do poder punitivo estatal.

Com efeito, a ideia central do movimento de lei e ordem, consistente no retribucionismo vingativo e irracional não representa, de maneira alguma, novidade no pensamento penal, mas se trata de mera repaginação de antigos posicionamentos, pois esta filosofia da punição, como vimos no capítulo terceiro, estruturou todo o direito penal anterior ao iluminismo e, após, as teorias absolutas da pena.

Embora a essência da pena, por longo período, tenha sido a retribuição, o "pagamento do mal com o mal", não se logrou, com ela, a diminuição da criminalidade ou a atemorização dos criminosos ao ponto de não mais incorrerem em ações delitivas.

Ora, se a experiência da legislação criminal retribucionista foi frustrada, tanto que deu ensejo ao surgimento das correntes penais reformadoras e preventivas, não há fundamento para, em nome de uma pretensa necessidade de armas eficazes na luta contra o crime, voltar-se a sistema penal ultrapassado, pois a eficiência preconizada, na realidade, inexiste.

Assim, diante da incompatibilidade existente entre os fundamentos do movimento de lei e ordem e os princípios penais estabelecidos pela Constituição Federal, bem como pela irracionalidade e ausência de efeitos benéficos à sociedade de suas propostas, não pode ser admitida esta tendência de política criminal a orientar a formulação do direito penal de nosso tempo.

2.2. A NOVA DEFESA SOCIAL

O movimento de política criminal denominado "Nova Defesa Social" foi inicialmente idealizado por Fillippo Gramatica, que fundou o Centro Internacional de Defesa Social, cujo primeiro Congresso foi realizado em 1947, em San Remo.

As posições de Gramatica assemelham-se, muito, às ideias da Escola Positiva e ao correicionalismo de Dorado Montero.

Assim, prega a eliminação do direito penal e sua substituição pela "defesa social". Nesta desaparecem as distinções entre pena e medida de segurança, que devem ser absorvidas pelas "providências de defesa social", as quais devem adaptar-se, unicamente, às características da personalidade da pessoa antissocial que a elas deve submeter-se[225].

Face à eliminação do direito penal, os seus princípios garantidores do indivíduo, como, por exemplo, a legalidade, devem ser suprimidos, diante do supremo interesse da defesa da sociedade.

No terceiro Congresso da entidade, entretanto, realizado em Ambres, em 1954, o caminho desenhado por Gramatica saiu derrotado pelas proposições de Marc Ancel, que ao contrário da eliminação do direito penal propunha a sua transformação e humanização.

Marc Ancel qualifica o posicionamento de Gramatica de extremista e sustenta que uma política criminal de defesa social deve ter em conta que o direito penal não é o único instrumento para o controle da criminalidade, e que deve ser conjugado com outras ciências. A defesa social, portanto, adquire um caráter multidisciplinar para a *renovação* – e não eliminação – do direito penal.

Este novo pensamento sustenta que, embora seja a defesa social o objetivo essencial do direito penal, não pode este, em virtude do fim perseguido, desprezar o relevante conteúdo garantista que adquiriu.

A nova defesa social, por pretender ser um sistema protetor tanto da sociedade, como do delinquente[226], prega a manutenção do princípio da legalidade dos delitos e das penas.

Esta recepção, contudo, não é plena, pois como sustenta Bustos Ramírez, chega a admitir, inclusive, "em certos casos, as medidas pré-delituais, com a qual despoja o direito penal de todos os princípios garantidores e desemboca na teoria pura da perigosidade, cujos limites é impossível precisar e, em consequência, tampouco da intervenção coativa do Estado"[227].

O princípio da legalidade dos delitos constitui a suprema garantia do indivíduo contra a atuação indiscriminada do Estado e o seu afastamento representa uma quebra do sistema democrático de direito penal.

Esta quebra do sistema, a nosso ver, ainda que excepcional, caracteriza sério risco à segurança jurídica, pios não há como se estabelecer, sem incursão em arbitrariedade, as hipóteses em que, na ausência de uma conduta concretamente lesiva ou perigosa a um bem jurídico protegido, pode o indivíduo ter de sujeitar-se à atuação coativa do Estado.

Com efeito, a partir do momento em que são admitidas as medidas pré-delituais, é vulnerado o princípio da legalidade e todo o conteúdo protetor dos direitos individuais que contém o direito penal, pois impossível o estabelecimento de limites claros e precisos para a aplicação desta espécie de medidas. Assim não fosse e estas medidas de caráter preventivo estariam também sujeitas ao regime da legalidade estrita.

Esta é, portanto, a primeira e severa crítica a este movimento político-criminal, pois o aparentemente relevante fundamento da necessidade de defesa social não pode sobrepor-se à dignidade da pessoa humana.

A nova defesa social, na caracterização do crime, aproxima-se do posicionamento adotado pelo idealismo atual, pois afirma que o delito é, antes de tudo, a expressão da personalidade individual[228], ou seja, é fruto de quem o praticou e a ele pertence.

No tocante à eleição de condutas criminalizáveis, sustenta João Marcelo de Araújo Jr. que a nova defesa social prega um tratamento bifronte: descriminalização para os delitos de pequena expressividade social e o caminho inverso, isto é, a criminalização, para as condutas contrárias aos direitos difusos e aos relevantes interesses do Estado[229].

Embora a ideia, em si, não possa ser de plano reprovada, mesmo porque pouco aprofundada, não se pode deixar de destacar que nesta matéria o posicionamento do movimento é excessivamente genérico.

De fato, em matéria político-criminal, pré-legislativa, não indica a nova defesa social quais os critérios técnicos e político-ideológicos que devem implicar a interpretação de uma conduta, em tese, como de menor ou maior gravidade e que, assim, acarretarão a sua retirada da ou inclusão na esfera da tutela penal.

Pensamos que este movimento, por ter suas origens enraizadas no positivismo e, portanto, na noção de periculosidade social, ainda que em regra tipificada, descuida dos princípios da lesividade e da subsidiariedade e, por isso, não estabelece, no campo da política criminal, limites rígidos para a intervenção estatal mediante o direito penal.

Este descuido e posicionamento genérico – proposital ou inconsciente – consiste na segunda crítica que formulamos à nova defesa social, pois apesar de sustentar que o direito penal não é o único instrumento de controle da criminalidade, não oferece elementos precisos para delimitá-lo como a *última ratio*.

É no campo da sanção penal, contudo, que prega este movimento as maiores transformações em relação à maioria dos modelos de sistemas penais atualmente vigentes.

A nova defesa social propõe um sistema unitário de reação contra o crime, no qual se confundem, necessariamente, penas e medidas de segurança.

Ambas têm o mesmo fim, isto é, o tratamento de reeducação social do delinquente, em razão de sua personalidade e de considerações biológicas, médicas, psicológicas e sociológicas, e por isso devem ser postas em ação segundo métodos idênticos[230].

O efeito preventivo geral da pena, embora não seja a priori rechaçado, não recebe nenhuma consideração de maior profundidade por parte deste movimento.

A reação criminal tem por objetivo, quase que exclusivo, incutir no indivíduo a consciência de sua responsabilidade social e, em consequência, da violação praticada com a conduta criminosa, reconduzindo-o, com isso, à vida social ordenada pelos meios mais adequados.

O que não explicam os adeptos do movimento, todavia, é até onde pode chegar a ação educadora ou ressocializadora do Estado[231], e quais os limites da defesa social preconizada.

Outra questão que não pode deixar de ser observada é que, ante a prevalência absoluta da prevenção especial, a culpabilidade perde o seu significado de princípio reitor da fixação da quantidade e qualidade de pena, que passam a ser determinadas de acordo com a maior probabilidade de obtenção dos resultados almejados pela aplicação da sanção, ou seja, a reeducação social do condenado.

A proporcionalidade entre o dano social causado e a sanção, que constitui uma garantia do indivíduo contra a sanha punitiva do Estado, portanto, cede lugar ao objetivo do próprio Estado de proporcionar a defesa social contra o crime e a criminalidade.

Logo, a pena, nos moldes sustentados pela nova defesa social, em que pese ao não acolhimento da ideia de sanções por prazo indeterminado, abre a perspectiva de elaboração de um direito penal que atente contra o valor *justiça*, e que, portanto, não guarda compatibilidade com o Estado democrático de Direito.

A nova defesa social, assim, ainda que represente em relação ao movimento de lei e ordem muito maior proximidade com a perspectiva de elaboração de um direito penal democrático, fundado em bases científicas e não passionais, não está isenta de sérias críticas a pontos essenciais de sua teoria, que trazem, inclusive, riscos aos direitos e garantias individuais, o que impede a sua admissão, entre nós, como ideia fundamental para uma nova política criminal.

2.3. O ABOLICIONISMO

A mais expressiva corrente "deslegitimadora" do direito penal, que poderíamos considerar a antítese do movimento de lei e ordem, trata-se do *movimento abolicionista*, cujos maiores expoentes, na atualidade, são Nils Christie e Louk Hulsman. O abolicionismo prega uma transformação radical das formas de reação social à criminalidade, em razão da crítica ao sistema penal que traz em seu discurso. Para o abolicionismo, o delito não possui uma realidade ontológica, isto é, o crime *não existe*. Este fato – jurídico – é criado mediante processos sociais que dão sentido aos atos[232] e que, no mais das vezes, são manifestações das classes sociais mais poderosas, em detrimento das oprimidas, o que explica, de certa forma, a fragmentariedade do direito penal.

A justiça criminal, assim, passa a existir como "preconceito de gênero"[233] e sua burocracia institucionalizada não exerce, como deveria, um papel de solução dos conflitos sociais, mas apenas cria novos conflitos.

A justiça criminal e o sistema punitivo, ainda segundo as tendências abolicionistas, são irracionais, pois os efeitos preventivos e reeducativos jamais serão obtidos com a sanção penal. Mas, ainda que assim não fosse, não se justificaria, em um plano ético e moral, a imposição de pena, que consiste em infligir sofrimento ao indivíduo para a obtenção de fins sociais almejados.

Aos que alegam a inviabilidade da revogação da justiça criminal, apontam os abolicionistas que a grande maioria dos fatos criminalizáveis, graves ou leves, pertence às cifras negras, ou seja, não chegam ao conhecimento oficial e são tratados fora da justiça criminal[234].

A abolição da justiça criminal e, portanto, do próprio direito penal, são sonhos possíveis e devem ser realizadas mediante a criação de alternativas ao sistema[235] - e não de penas alternativas.

A elaboração de alternativas implica a solução de "situações problemáticas", por meio da participação da sociedade ou da comunidade, integração entre vítimas e criminosos e utilização de outros meios legais para a pacificação dos conflitos, como a justiça civil e administrativa.

Estes são, em brevíssima síntese, os postulados essenciais do movimento abolicionista, que passaremos a analisar.

A afirmação de que o crime não existe como realidade ontológica é verdadeira.

Com efeito, não há, sob o ponto de vista pré-social e jurídico, condutas humanas que possam ser, desde logo, caracterizadas como delitos. Como sustenta Marcos Bernardes de Mello, os fatos somente serão considerados *jurídicos* com a inserção, no ordenamento, de norma jurídica que *juridicize* o acontecimento[236].

Nem por isso, contudo, o seu processo de criação pode ser considerado, *prima facie*, opressor.

De fato, na elaboração de tipos penais o legislador, partindo do real, do concreto, seleciona os comportamentos – ou ao menos deveria selecionar – lesivos aos bens jurídicos mais relevantes – isto é, aos valores indispensáveis à organização social -, ameaçando-os com uma sanção penal[237]. O direito penal realmente não cria condutas humanas, mas apenas as seleciona, atribuindo-lhes determinado valor[238].

Para a elaboração destes modelos, portanto, o legislador não age, em princípio, de modo arbitrário, mas sim tendo em vista um valor[239], em função do qual cria, como vimos, uma limitação ao princípio fundamental do Estado Democrático de Direito: o da *liberdade*.

O direito penal, assim, se limitado à preservação dos direitos e garantias individuais, dos bens jurídicos constitucionalmente estabelecidos, e aplicado com observância do princípio constitucional da *igualdade*, não se caracterizará como instrumento de preconceito e dominação de determinadas classes sociais, mas, ao contrário, *estará provido de legitimidade*. E um direito penal *legítimo*, a nosso ver, somente por essa característica e por seu conteúdo *democrático*, já terá maiores probabilidades de atingir, ainda que parcialmente, os fins a que se propõe.

Embora as críticas do movimento abolicionista ao sistema punitivo e à pena privativa de liberdade tenham o mérito de levantar discussões a respeito dos problemas relativos à justiça criminal e, em consequência, a procura por soluções e transformações, a sua proposta simplista de extinção do sistema punitivo não pode ser acolhida.

Isto porque o abolicionismo não oferece qualquer alternativa viável ao modelo vigente.

Com efeito, a menção genérica de substituição da pena pela devolução da situação problemática – crime – a outras "agências" da sociedade para solução, especialmente nos delitos de lesão mais intensa aos bens jurídicos fundamentais, nada traz de concreto, pois não são indicadas – por na verdade inexistirem com tal capacidade – as instituições que teriam a possibilidade de solucionar tais conflitos com mais eficiência que a justiça criminal. Trata-se de verdadeiro "exercício de fé", mediante o qual simplesmente se acredita, sem fundamento algum, que a criminalidade, sem qualquer instrumento de coerção e de *reprovação* social, seria passível de administração e controle.

Como prescindir da justiça criminal para resolver "situações-problema" como um homicídio, um latrocínio ou um estupro praticado contra criança? Qual instituição ou organização seria capaz de oferecer alguma alternativa, nestas hipóteses, à sanção penal, de forma a proteger os bens jurídicos fundamentais e a não permitir a vulgarização dos valores sociais de maior relevância? A justiça civil? A administração pública? Organizações não governamentais? Associações de bairro?

As respostas para todas estas indagações, se bem refletidas, certamente serão negativas.

Um outro ponto do qual parece se esquecer o movimento abolicionista, em sua ânsia de apresentar o criminoso como "vítima" do sistema – e não como *pessoa*, provida de *liberdade* e de *capacidade de autodeterminação* -, é o de que a prática de crimes não se trata de privilégio dos "socialmente oprimidos"; ao contrário, em não poucas oportunidades o sujeito ativo do delito pertence às camadas mais privilegiadas da população – crimes do "colarinho branco", contra a ordem tributária, corrupção ativa, contra o meio ambiente e fraudes às licitações, entre outras condutas gravíssimas que colocam em risco a organização social – ou se trata de *agente do Estado* – tortura, corrupção passiva, concussão, extorsão, etc. -, que não pode ser qualificado como *socialmente excluído* em razão de "preconceito de gênero".

Para estas hipóteses, convenientemente não tratadas pelo movimento abolicionista, também não são apresentadas quaisquer alternativas ao sistema penal.

A simples abolição do sistema punitivo, portanto, sem qualquer alternativa para a função que atualmente exerce, trata-se, a nosso ver, de uma falácia que não pode ser admitida, fruto de ingenuidade daqueles que jamais tiveram contato com a justiça criminal e com o sofrimento e desestabilização causados pelo crime, de estudiosos "encastelados", que, embora no discurso apresentem-se como "defensores da massa popular" e do "proletariado", desprezam a *vontade democrática* dos cidadãos, por considerá-la "viciada"; ou de má-fé daqueles que se aproveitam dos "inocentes úteis" e veem no movimento etiquetado como "progressista" uma ótima oportunidade para a ampliação de seus ilícitos e de escusos propósitos.

Isto porque a medida implicaria completo descontrole em relação aos comportamentos ilícitos e *destruição* do modelo de Estado constitucionalmente adotado – democrático e de Direito -, face à ausência de formas de proteção dos valores socialmente relevantes.

Um "Estado Abolicionista" deixaria, portanto, como acima sustentamos, de constituir-se como um "Estado de Direito" e tenderia, diante da extinção do monopólio da distribuição da justiça, a tornar-se uma instituição meramente formal, com uma sociedade fundada no império da força e facilitador do procedimento de vingança – inclusive mediante a organização de "grupos de extermínio", que, face à abolição do sistema penal, não seriam passíveis de reprovação proporcional – incapaz de proteger os direitos humanos mais elementares.

Logo, como afirmam Shecaira e Corrêa Júnior[240], se o fim da pena privativa de liberdade – e do sistema punitivo – é um sonho, a sua abolição imediata poderia transformar-se em um pesadelo.

A *democracia* – conforme acertada observação de Denis L. Rosenfield – não pode basear-se em uma tolerância irrestrita ou permissividade exacerbada, que implique renúncia à autoridade, à função primordial do Estado de preservação da segurança pública, e, reflexamente, aos valores humanos fundamentais. "A tolerância democrática tem seu limite no que diz respeito àquelas formas de ação que se assentam na destruição de seus próprios princípios. Ou seja, em relação a formas de ação baseadas na violência pura, não lhe assiste outro recurso senão o uso da força, pois se não o fizer é sua própria existência que estará em questão".[241] Então, não sendo possível o recurso a outras formas de solução do "conflito", "cabe ao Estado recorrer à força, que é um outro tipo de violência, o da violência legítima [legal], reparadora, única arma contra a violência meramente destruidora. Para a razão não se reconhecer em tais atos da "irrazão" significa também recorrer aos critérios da moralidade [e eticidade], que lhe permitem discernir, na obscuridade da violência pura, os meios de julgá-la e controlá-la, não contemporizando com o que procura destruir as próprias bases da estabilidade psicológica dos cidadãos, da democracia e da existência mesma do Estado".[242]

3 – POR UMA POLÍTICA CRIMINAL ALTERNATIVA E DEMOCRÁTICA

Assim como as antigas Escolas Penais, os modernos movimentos de política criminal pecam pelo seu extremismo ideológico e radicalismo, que implicam, como apontamos, um sem número de defeitos em suas proposições e, em consequência, impedem a filiação cega em sua defesa.

Pensamos que uma política criminal moderna, afeita à democracia e à pessoa humana como valor supremo deve, necessariamente, dirigir-se à formação de um direito penal de alternativas às soluções até hoje apresentadas.

Um direito penal de alternativas, entretanto, não pode ser confundido com a substituição integral desta ciência por outras formas de intervenção, isto é, a elaboração de uma alternativa ao direito penal, pois os seus princípios fundamentais constituem, ainda, a melhor forma de estruturação da reação social contra o crime, com garantias à dignidade da pessoa humana.

Logo, a nosso ver, uma política criminal democrática deve buscar o aperfeiçoamento do direito criminal e do sistema punitivo e não a sua eliminação, pois medida desta natureza traria consequências muito mais gravosas à sociedade do que os defeitos hoje apresentados, os quais podem ser sanados ou, ao menos, minorados.

Aqui não pretendemos formular uma teoria completa de uma política criminal democrática e alternativa, mas apenas ressaltar alguns pontos, que a seguir sucintamente apresentaremos, colocando-os para discussão, que em nosso entender poderiam contribuir, de forma eficaz, para essa elaboração.

3.1. INVESTIMENTOS NO SISTEMA PUNITIVO

Embora não se trate de matéria tipicamente de política criminal, com esta se relaciona de modo estreito, o que nos obriga a sobre ela tecermos algumas considerações.

O abandono do sistema punitivo pelo Estado é um fato incontestável, cujos sintomas podem ser constatados diariamente: sistema carcerário superlotado, irracionalidade na execução das sanções, impossibilidade material de observância de vários direitos dos condenados, altíssimos níveis de reincidência e sobrecarga insuperável das instituições encarregadas da coordenação do sistema – Polícia judiciária, Ministério Público e Poder Judiciário.

O primeiro e mais evidente componente solucionador destes problemas é o maior investimento econômico por parte do Estado no sistema punitivo.

Este investimento, entretanto, não pode ser confundido com a simples construção de novos presídios – o que sem dúvida é necessário -, pois o sistema não se limita ao complexo carcerário. Ao contrário, é formado por uma série de institutos (espécies de penas, incidentes de execução em sentido lato e alternativas penais) e instituições (Polícia Judiciária, Ministério Público, Poder Judiciário, Administração Penitenciária e órgãos auxiliares da execução penal), cujas estruturas desaparelhadas, tanto na esfera pessoal quanto na material, impedem o seu funcionamento de acordo com o disposto na legislação.

Assim, indispensável é a adequação dessas instituições à missão constitucional e legal que lhes é destinada, mediante a modernização e ampliação dos seus meios de atuação, o que somente pode ser concretizado com a injeção de novos recursos e destinação orçamentária condizente com sua relevância social.

3.2. INTERVENÇÃO MÍNIMA

A adoção da intervenção mínima como princípio reitor de política criminal implica uma limitação prévia ao legislador na elaboração de leis penais, de forma que somente se justifica a criminalização de uma conduta se esta tiver por fundamento a proteção de um bem jurídico – observância do princípio da lesividade – e mais, se os outros meios de controle social forem ineficazes para protegê-lo e pacificar o conflito.

O direito penal, por tratar-se de um sistema descontínuo de ilicitudes, de caráter fragmentário, não deve ocupar-se de qualquer ameaça a bens jurídicos constitucionalmente protegidos, mas apenas das condutas que, por sua gravidade, colocam em risco a sociedade e a pessoa humana.

Luiz Luisi, que vê na Declaração Francesa dos Direitos do Homem e do Cidadão de 1789[243] a origem da intervenção mínima, afirma que se trata de um princípio orientador e limitador do poder criativo do crime, "que só se legitima a criminalização de um fato se a mesma constitui meio necessário para a proteção de determinado bem jurídico. Se outras formas de sanção se revelam suficientes para a tutela desse bem, a criminalização é incorreta. Somente se a sanção for instrumento indispensável à proteção jurídica é que a mesma se legitima"[244].

3.3. PRESERVAÇÃO E OBSERVÂNCIA DOS PRINCÍPIOS FUNDAMENTAIS

Os princípios fundamentais de direito penal constituem os meios de garantia do indivíduo contra a ingerência indevida do Estado em sua vida privada e contra os eventuais excessos punitivos do legislador.

Sua manutenção, portanto, representa requisito indispensável à realização da democracia e à construção do Estado de Direito, que não pode, pois, ser afastado por razões de "eficiência das leis penais" ou de "defesa social".

Os princípios, como tivemos oportunidade de assinalar, possuem um sentido harmônico de interdependência e constituem a estrutura do sistema de direito penal, de forma que a exclusão de qualquer deles implica a quebra do sistema e, em consequência, de todo o complexo garantista por ele representado.

Por assim ser, entendemos que, no campo político criminal, deve o legislador pautar-se pela estrita observância da legalidade, lesividade, culpabilidade, humanidade, individualização e pessoalidade das penas como vetores da legislação penal, sob pena de violar e abandonar os ideais de construção de um Estado democrático de Direito e de uma sociedade justa.

3.4. DESCRIMINALIZAÇÃO

Uma política criminal democrática, fundada no princípio da mínima intervenção, toma o direito penal como a forma extrema de intervenção do Estado nas relações sociais, a *última ratio*.

Logo, pensamos que a descriminalização, além de tornar o direito penal mais *efetivo*, pois será reservado às ilicitudes realmente graves, possibilitará uma melhor atuação dos órgãos incumbidos da persecução e execução penal, face à eliminação da atual hipertrofia do direito penal e consequente redução do massacrante volume de fatos suscetíveis de investigação, imputação processual e condenação.

Dentro do processo de descriminalização, observamos três espécies de condutas que devem ser excluídas do direito penal.

A primeira espécie refere-se aos comportamentos que constituem apenas um perigo *mediato* ao bem jurídico, que não representam, por si sós, um dano social.

Entre estas condutas podemos destacar o *porte de entorpecentes para uso próprio*, que não implica, de forma imediata, lesão a qualquer bem jurídico de terceiro ou coletivo.

Para estes comportamentos, em nosso entender, não há a necessidade de imposição de pena, que pode ser perfeitamente substituída por medidas preventivas, de natureza *administrativa*, visando à redução de danos – ao usuário.

A segunda espécie é a das condutas que comportam soluções, normalmente mais rápidas e adequadas do que a pena, em outros ramos do Direito.

Entre estas ações podemos citar o dano e o esbulho possessório, que encontram formas eficazes de pacificação na Justiça Civil, o peculato culposo e a facilitação de fuga culposa, passíveis de solução mediante o direito administrativo disciplinar.

Devem ser ainda excluídos do direito penal os comportamentos de escassa danosidade social, como a maioria das contravenções penais, que poderiam ser transformadas em infrações de cunho exclusivamente administrativo, com sanções da mesma natureza, e que comportariam atuação mais célere da Administração Pública, com efeito preventivo muito mais eficiente.

3.5. CONSENSUALISMO

A ampliação do consensualismo na justiça criminal consiste na criação de condições de procedibilidade para os delitos que atinjam apenas bens *disponíveis* dos ofendidos, tais como o furto e o estelionato, e de oportunidades de composição entre o autor do crime e a vítima, ou entre o titular da ação penal (Ministério Público) e seu sujeito passivo (réu), em fase prévia ao processo penal.

Esta tendência, cujos resultados positivos foram sentidos com a assimilação dos institutos da Lei 9.099/95 – transações civil e penal, suspensão condicional do processo, etc. -, certamente acarretará uma atuação mais eficiente do Estado-juiz, pois somente intervirá para punir se inexistirem outras formas eficientes para a pacificação do conflito e quando o maior interessado – ofendido – entender conveniente esta intervenção para proteger o seu valor violado.

Cremos que, com isso, além de reduzir-se a incidência dos efeitos maléficos – e estigmatizantes – da pena, ganhará o direito penal maior legitimidade em sua aplicação.

3.6. MITIGAÇÃO DA PENA PRIVATIVA DE LIBERDADE

Outra vertente de política criminal que defendemos é a da mitigação da pena privativa de liberdade, que deve ser reservada para os crimes de especial gravidade, ou seja, aqueles praticados com violência ou grave ameaça contra a pessoa ou contra a coletividade em geral – corrupção, concussão, fraudes a licitações, entre outros – e ainda para as hipóteses de multirreincidência, de tomada de posição manifestamente contrária ao ordenamento jurídico.

A nosso ver, a privação da liberdade deve constituir-se no meio extremo de intervenção do Estado na esfera de atuação do indivíduo, aplicável somente quando todos os outros ramos do Direito e sanções penais não forem aptos para um efeito de preservação dos valores socialmente relevantes.

Mitigar a pena privativa de liberdade não significa, no entanto, renunciar à pena, mas buscar opções à prisão e ampliar-se a possibilidade de sua substituição por sanções *alternativas*.

Logo, a elaboração de novas alternativas penais e penas alternativas aptas a mitigar a pena de prisão constitui uma tendência de política criminal indispensável à formulação de um direito penal democrático.

3.7. SISTEMA PROGRESSIVO

O sistema progressivo de cumprimento da pena privativa de liberdade tem por finalidade possibilitar uma readaptação gradual do condenado à sociedade, com a redução, *por fases*, dos limites à liberdade, mediante o reconhecimento de seu *mérito* para a obtenção dessa progressão.

O sistema progressivo, portanto, como já afirmamos, tem em si um importante componente *ressocializador*, consistente no estímulo conferido ao condenado para retornar à sociedade em prazo menor do que o fixado na sentença condenatória.

Cremos, por isso, que a ideia de progressividade da pena deve ser mantida em nosso ordenamento jurídico, ainda que necessárias modificações para a sua efetividade.

Entre essas modificações ousamos sugerir a abolição do regime aberto – que jamais foi efetivamente implantado, mesmo vigente a Lei de Execução Penal há mais de 30 anos, constituindo, atualmente, uma falácia, verdadeira liberação antecipada (e indevida) do condenado – e a sua "substituição" pelo livramento condicional – hoje praticamente abandonado, pois manifestamente desfavorável se comparado ao regime aberto -, e a ampliação das hipóteses de conversão – art. 180, da LEP -, *no curso da execução da pena privativa de liberdade*, após o cumprimento parcial, em restritivas de direitos, especialmente a prestação de serviços à comunidade.

Se é verdade que uma execução penal excessivamente liberal

gera o sentimento de impunidade, não menos certo é que o extremo oposto, o excesso de rigidez, tende a tornar-se irracional, pois retira do condenado a esperança e, em consequência, o estímulo de reintegrar-se à sociedade.

Pensamos que para o condenado, e para a própria sociedade, a reinserção repentina na vida social, após longo cumprimento de pena privativa de liberdade, implica uma probabilidade muito maior de reincidência e de geração de conflitos.

A readaptação gradual, por outro lado, proporciona meios mais eficazes de efetivação da prevenção especial e de apoio e fiscalização do Estado ao condenado, o que, em princípio, se observado, deve levar à diminuição dos índices de reincidência.

3.8. CONCLUSÃO

Uma política criminal moderna, a nosso ver, deve pautar-se pela elaboração de um direito penal e sistema punitivo mais democráticos, racionais e humanos, de acordo com os princípios estabelecidos por nossa Constituição, sem, por outro lado, levar à impunidade, entendida esta como a incapacidade material do Estado de impor sanções a um percentual ao menos razoável dos delitos perpetrados.

Um direito penal mínimo, baseado no respeito à dignidade humana e nos valores fundamentais da sociedade, positivados pela Constituição, essencialmente o que defendemos neste trabalho, acarretará uma atuação mais eficiente do Estado na sua função de punir, pois as instituições dela encarregadas não estarão com seus esforços diluídos em questões que, em verdade, não representam um efetivo ou expressivo dano social.

NOTAS DE RODAPÉ

[1] LISZT, Franz Von. *Tratado de derecho penal*, p. 1.

[2] ASÚA, Luís Jímenez de. *La ley e el delito*, p. 18.

[3] TOLEDO, Francisco de Assis. *Princípios Básicos de Direito Penal*, pp. 1-2.

[4] WELZEL, Hans. *Derecho Penal Alemán*, p. 1.

[5] BATISTA, Nilo. *Introdução Crítica ao Direito Penal Brasileiro*, p. 111.

[6] Dispunha o Título VI das Ordenações Filipinas: "Lesa Majestade quer dizer traição contra a pessoa do Rei, ou seu Real Estado, que é tão grave e abominável crime, e que os antigos Sabedores tanto estranharam, que o compararam à lepra (...) assim o erro da traição condena o que a comete, e atinge e infama os que de sua linha descendem, posto que não tenham culpa (...)"

[7] REALE JR., Miguel. *Antijuridicidade Concreta*, p. 13.

[8] CAMARGO, Antonio Luís Chaves. *Tipo Penal e Linguagem*, p. 10.

[9] "As Constituições dos Estados Democráticos de Direito positivam certos valores e princípios eleitos como de máxima importância à construção de um sistema penal harmonizado com os pressupostos dessa espécie de Estado" (LOPES, Maurício Antonio Ribeiro. *Direito Penal, Estado e Constituição*, p. 113).

[10] BATISTA, Nilo. *Introdução Crítica ao Direito Penal Brasileiro*, pp. 22-23.

[11] *Dicionário de Política*, v. 1, p. 382.

[12] MARQUES, José Frederico. *Tratado de Direito Penal*, v. I, p. 103.

[13] *Tratado de Direito Penal*, v. I, p. 105.

[14] Devem ser destacados, ainda, como doutrinadores do período dogmático da escola clássica: Pelegrino Rossi, Giovanni Carmignanni, Enrico Pessina e, na Alemanha, Anselm von Fuerbach.

[15] ASÚA, Luís Jiménez de. *La ley y el delito*, p. 46.

[16] *Introdução à Filosofia*, 3ª ed., p. 111. Este autor, na mesma obra (p. 20), define a lógica formal como: "o estudo das estruturas formais do conhecimento, ou do pensamento sem conteúdo, isto é, dos signos e formas expressionais do pensamento, em sua consequencialidade essencial. No campo da lógica formal, o que importa é a consequência rigorosa das proposições entre si, e não a adequação de seus enunciados aos objetos a que se referem".

[17] GARCIA, Basileu. *Instituições de Direito Penal*, v. I, tomo 1, p. 86.

[18] TAVARES, Juarez. *Teorias do Delito*, p. 8.

[19] *Antijuridicidade Concreta*, p. 08.

[20] *Instituições de Direito Penal*, v. I, tomo I, p. 89.

[21] *Introdução à Filosofia*, 3ª ed., p. 109.

[22] *Princípios de derecho criminal*, Reus, p. 249 e ss.

[23] FERRI, Enrico. Ob. cit., p. 193. Esta característica da Escola Positiva encontra-se bem clara, também, no posicionamento de Garofalo: "Começarei por adentrar uma ideia que se pode crer um pouco aventurada: creio que a anomalia psíquica existe, em um grau maior ou menor, em todos que, segundo minha definição, podem chamar-se criminosos." (La Criminologia. Estúdios sobre la natureza do crimen y teoria de la personalidade, p. 85, apud *Psiquiatria y Derecho Penal, Estudo Preliminar de Marino Barbero dos Santos*, p. 13, Editorial Tecnos, Madrid, 1965)

[24] RAMÍREZ, Juan Bustos. *Introducción al derecho penal*, 2ª ed., p. 141

[25] Ob.cit., p. 109.

[26] *Antijuridicidade Concreta*, p. 128.

[27] *Manual de Direito Penal Brasileiro*, p. 307.

[28] GARCIA, Basileu. *Instituições de Direito Penal*, p. 112.

[29] ASÚA, Luis Jímenez de. *La ley y el delito*, p. 65.

[30] ABBAGNANO, Nicola. *Dicionário de Filosofia*, p. 524.

[31] *La Ley y el Delito*, p. 68.

[32] PUIG, Santiago Mir. *Función de la pena y teoria del delito em estado social y democrático de derecho, passim*.

[33] RAMÍREZ, Juan Bustos. *Bases críticas de um nuevo derecho penal*, p. 116.

[34] A respeito das penas degradantes, conferir a magnífica obra de Michel Foucault, *Vigiar e Punir* notadamente a sua primeira parte.

[35] Esta pena era cominada, por exemplo, nos termos do título XVII das ordenações, aos que dormissem com suas parentas e afins (incesto). Estabelecia o dispositivo: "Qualquer homem, que dormir com sua filha ou com qualquer outra descendente, ou com sua mãe, ou com sua ascendente, sejão queimados, e ella também, e ambos feitos em pó"

[36] "A marca de ferro quente foi abolida na Inglaterra em 1834 e na França em 1832; o grande suplício dos traidores já a Inglaterra não ousava aplicá-lo plenamente em 1820" – FOUCAULT, Michel. *Vigiar e Punir*, p. 16. A crueldade contra os presos no Brasil, ao menos em relação aos detentos provisórios, foi abolida ainda antes da Independência, mediante o Decreto expedido por D. Pedro, então príncipe regente, em 23 de maio de 1821. Estabeleceu-se a proibição de reclusão em masmorra estreita, escura ou infecta, bem como a abolição do uso de correntes, algemas ou grilhões e outros ferros inventados para martirizar, a homens não julgados a sofrer qualquer pena aflitiva por sentença

final.

[37] *Dicionário de Política*, p. 272.

[38] *Dicionário de Filosofia*, p. 206.

[39] Apud ROXIN, ARTZ & TIEDEMANN. *Introducción ao derecho penal y al derecho processual penal* pp. 53-54.

[40] Apud ROXIN, ARTZ & TIEDEMANN. *Introducción ao derecho penal y al derecho processual penal* pp. 55-56.

[41] BRUNO, Aníbal. *Direito Penal – Parte Geral*, tomo III, p. 65.

[42] PUIG, Santiago Mir. *Función de la pena e teoria del delito em estado social y democrático de derecho*, p. 26.

[43] ROXIN, Claus. *Derecho Penal – Parte general*, tomo I, p. 90.

[44] O correicionalismo, no Brasil, influenciou a criação da pena de prisão correicional, pelos Decretos n. 145 de 11 de junho de 1893 e n. 6.994 de 19 de junho de 1908, que tiveram vigência até a edição do Código Penal de 1940. Esta pena era determinada aos mendigos, vadios, capoeiras e desordeiros – em resumo, aos portadores de má vontade -, cumprida em colônias fundadas pela União ou pelos Estados e visava a reabilitação pelo trabalho ou instrução. Objetivava, assim, atingir aqueles que, à época, eram considerados potencialmente criminosos, pelo modo desregrado de condução de sua vida.

[45] A posição eclética é adotada, entre outros, por Aníbal Bruno, Nélson Hungria, Heleno Cláudio Fragoso e Damásio Evangelista de Jesus.

[46] Usamos o termo *evolução* no sentido de *transformação*, e não de aprimoramento.

[47] RAMÍREZ, Bustos. *Introducción al derecho penal*, p. 76.

[48] RAMÍREZ, Juan Bustos. *Introducción al derecho penal*, p. 80.

[49] ROXIN, Claus. *Problemas Fundamentais de Direito Penal*, p. 26.

[50] Este, talvez, seja o ponto mais vulnerável e suscetível a críticas da teoria do direito de Kant, que, como vimos, considerava que somente o direito de talião, o *ius talionis*, possibilitava determinar adequadamente a qualidade e quantidade de pena, em suma, a pena baseada na justiça pura e estrita, que deveria ter, por isso, o caráter de retribuição moral ao mal praticado. Sobre o tema, interessante lembrar as lições de Arthur Schopenhauer, que, embora sob uma visão utilitarista extremada, bem ressaltou a imprestabilidade da teoria absoluta da retribuição: "Por sua vez, o único objetivo da LEI é IMPEDIR o menosprezo dos direitos alheios, pois, para que cada um seja protegido do sofrimento da injustiça, unem-se todos em Estado, renunciando à prática da injustiça e assumindo o fardo da manutenção dele. Nesse sentido, a lei e o cumprimento dela, ou seja, a punição, são dirigidos essencialmente ao FUTURO, não ao PASSADO. Isso diferencia PUNIÇÃO de VINGANÇA, já que esta última é motivada simplesmente pelo que aconteceu, portanto pelo passado enquanto tal. Toda retaliação da injustiça por via do infligir uma dor sem objetivo algum relacionado ao futuro é vingança e não pode ter outro objetivo senão, pela visão do

sofrimento causado à outrem, a pessoa consolar-se a si mesma do próprio sofrimento. Mas isso é maldade, crueldade, injustificáveis eticamente. A injustiça que alguém praticou contra mim de modo algum me autoriza a praticar-lhe injustiça. Retaliação do mal, com o mal ulterior sem finalidade, não é moralmente nem de qualquer outra maneira justificável, porque inexiste um fundamento da razão para tal, e a *jus talionis* estabelecida como princípio independente e último do direito penal carece de sentido. Por conseguinte, a teoria kantiana da punição, concebida como retaliação pela vontade de retaliação, é uma visão totalmente infundada, perversa. (...). Todavia, nenhum homem pode se arvorar o direito de se erigir em puro juiz moral e vingador, para assim punir os atos criminosos alheios, infligindo-lhe dores, ou seja, impondo-lhe uma expiação por seus atos. Tal pretensão seria das mais descabidas; daí justamente a passagem bíblica: "Minha é a vingança, diz o Senhor, e a mim cabe retaliar". Claro está que o homem tem o direito de zelar pela segurança da sociedade. Mas isso só pode acontecer por meio da interdição de todas aquelas ações indicadas pela palavra criminosa, prevenindo-as por contramotivos, que são as ameaças de punição. Ameaças estas eficazes só mediante a sua execução, quando, a despeito delas, o caso se apresenta" (*O mundo como vontade e como representação*, 2ª reimp. pp. 444-45. São Paulo: UNESP, 2005). Marcelo A. Sancinetti ("Seguridad y Derecho Penal". *Derecho Penal y Estado de Derecho*, p. 63. Córdoba: Librería de la Paz, 2005) traz importante luz sobre o tema, ao sustentar que a pena, para cumprir a sua função de marcar o parâmetro do correto, não pode se apartar do que é eticamente legítimo. "A pena só é a anulação do delito, se ela mesma não se funda em um ato ilegítimo, desproporcional ou desumano, porque, em qualquer destes casos, com sua imposição somente se somaria ao primeiro mal, em consequência irracional, outro mal, já incapaz de nos mostrar a todos (a sociedade) que estamos no *correto* e o delinquente no errôneo, mas dirá a todos que *todos estamos no incorreto*".

[51] SHECAIRA, Sérgio Salomão. *Prestação de Serviços à Comunidade*, p. 45.

[52] BUENO, Francisco da Silveira. *Grande Dicionário Etimológico-Prosódico da Língua Portuguesa*, v. VI, p. 3.193. Santos-SP: Brasília, 1974.

[53] *Introdução à Filosofia*, 3ª ed., p. 46. São Paulo: Saraiva, 1994.

[54] *Direito Penal, Estado e Constituição*, p. 77. São Paulo: IBCCRIM, 1997.

[55] *Teoria dos Princípios*, 3ª ed., p. 63. São Paulo: Malheiros Editores, 2004.

[56] *Teoria dos Princípios*, p. 65.

[57] *Os Princípios Jurídicos da Tributação na Constituição de 1988*, 3ª ed., p. 101. São Paulo: RT, 1994.

[58] Luiz Moreira bem observa que no Estado moderno "os *sujeitos* constituem uma ordem estatal marcada pela associação entre livres e iguais definida em termos jurídicos (...). Os direitos subjetivos implicam *reciprocidade* na articulação do conceito moderno de *liberdade*. Como são recíprocos, a estrutura dos direitos denota uma constituição *intersubjetiva*, pois somente em uma relação interpessoal se faz possível o reconhecimento da co-autoria do ordenamento jurídico. Co-autores *livres* e *iguais* que concebem uma reciprocidade de direitos e obrigações comuns a todos os sujeitos de direito [e,

portanto, responsabilidade]. O sujeito de direito passa a ser co-fundador de um aparato normativo recíproco *universalmente imputável* e sua *faculdade* para a *ação*, uma titularidade subjetiva que se constitui como titularidade de direitos" (*Fundamentação do Direito em Habermas*, 3ª ed., p. 173. Mandamentos: Belo Horizonte, 2004).

[59] *Dicionário de Filosofia*, 3ª ed., pp. 612-13. São Paulo: Martins Fontes, 1998.

[60] *Fundamentação do Direito em Habermas*, 3ª ed., p. 37.

[61] No direito penal, o principal expoente de oposição e contestação ao absolutismo foi Cesare Bonecasa, o Marquês de Beccaria, que com seu manifesto "*Dos Delitos e das Penas*", escrito em 1764, iniciou a luta pelos direitos e garantias individuais contra o poder absoluto.
Em sua obra, que orientou toda a remodelação do sistema penal, opôs-se Beccaria, de forma veemente, às penas cruéis, à tortura como forma de investigação, à pena de morte e à prisão provisória imotivada, tendo realçado a necessidade da determinação legal da pena – princípio da legalidade – e de sua proporcionalidade em relação ao delito praticado.

[62] ARTZ, G e TIEDMANN, K. *Introducción ao Derecho Penal y al Derecho Processual Penal.*, p. 73. Barcelona: Ariel, 1989.

[63] O princípio da legalidade geral foi acolhido por todas as Constituições brasileiras. A Constituição Imperial de 1824 consagrou-o em seu art. 179, inciso XII; a primeira Constituição Republicana no art. 72 § 15; a de 1934 no art. 113, inciso 26; a de 1946 no art. 145 § 25 e a de 1967 no art. 150, § 16. Nem mesmo a reforma constitucional imposta pelo regime ditatorial militar aboliu-o, pois através da Emenda Constitucional nº 1, de 17.10.69, admitiu a reserva legal em seu art. 153 § 16.

[64] *Anotações à Constituição de 1988*, 4ª ed., p. 178. Rio de Janeiro: Forense, 1993.

[65] Ricardo Antunes Andreucci. *Direito Penal e Criação Judicial*, p. 11. São Paulo: RT, 1989.

[66] *Princípio da Legalidade*, p. 53. São Paulo: RT, 1994

[67] Paulo José da Costa Júnior. *Comentários ao Código Penal*, v. I, p. 2. São Paulo: Saraiva, 1987. Afirma este autor que a função garantidora do princípio da legalidade é irrecusável e insubstituível.

[68] DEL ROSAL, M. Cobo e VIVES ANTÓN, T.S. *Derecho Penal, Parte General*, 3ª ed., p. 285. Valencia: Tirant lo Blanch – Derecho, 1991

[69] *Derecho Penal Aleman*, 4ª ed., p. 38. Santiago: Editorial Juridica de Chile, 1997.

[70] Posicionamento semelhante já era adotado por Arthur Schopenhauer: "Para o Estado, portanto, o ato, a ocorrência é a única coisa real; a disposição íntima, a intenção é investigada tão-somente na medida em que, a partir dela, conhece-se a significação do ato. Por isso o Estado não proibirá ninguém de portar continuamente pensamentos sobre assassinato e envenenamento,

desde que saiba com certeza que o medo do carrasco e da guilhotina a todo momento obstarão os efeitos desse querer. Noutros termos, o Estado de modo algum tem o plano tolo de eliminar a disposição má para a prática da injustiça, mas apenas contrapõe a cada motivo possível para cometer injustiça um outro mais poderoso ainda que leve ao abandono do primeiro, vale dizer, a punição inexorável. De acordo com o dito, o código penal é um registro o mais completo possível de contramotivos opostos a todas as ações criminais presumíveis – tudo isso *in abstracto*, para fazer aplicação *in concreto* quando o caso ocorrer" (*O mundo como vontade e como representação*, 2ª reimp., pp. 440-41. São Paulo: UNESP, 2005).

[71] "A problemática da filosofia do direito ao longo da história". *Introdução à Filosofia do Direito e à Teoria do Direito Contemporâneas*, p. 89. Lisboa: Fundação Calouste Gulbekian, 2002. Esta ideia encontrou desenvolvimento em Christian Thomasius, discípulo de Pufendorf, para quem o *dever externo* pertence ao Direito, enquanto que o *dever interno* encontra o seu campo na moral. Somente o dever moral é um dever de consciência; o dever externo do Direito, ao contrário, é um dever coativo baseado no temor fundado na coação exercida por outros homens – a sociedade. O Direito – segundo Thomasius – "se ocupa somente das ações exteriores do homem, porém não penetra no que está escondido no peito deste e não se exterioriza mediante algum efeito, ou de uma maneira perceptível". O Direito, portanto, ocupa-se, em sua maior parte, dos *comportamentos humanos exteriores* (WELZEL, Hans. *Estúdios de Filosofia del Derecho y Derecho Penal*, pp. 220-221 e 247. Buenos Aires: B de F, 2006).

[72] *Derecho Penal – Parte General*, t. I, p. 145. Madrid: Civitas, 1997.

[73] *Direito penal, parte geral*, p. 22.

[74] Luiz Alberto Machado. *Direito Criminal, parte geral*, p. 50. São Paulo: RT, 1987.

[75] *Princípios Básicos de Direito Penal*, 4ª ed., p. 25. São Paulo: Saraiva, 1991. Esta tem sido, também, a posição adotada pelo Supremo Tribunal Federal: **EMENTA**: HABEAS CORPUS. CONSTITUCIONAL. PROCESSUAL PENAL. CASA DE PROSTITUIÇÃO. APLICAÇÃO DOS PRINCÍPIOS DA FRAGMENTARIEDADE E DA ADEQUAÇÃO SOCIAL: IMPOSSIBILIDADE. CONDUTA TÍPICA. CONSTRANGIMENTO NÃO CONFIGURADO. (...) 2. Quanto à aplicação do princípio da adequação social, esse, por si só, não tem o condão de revogar tipos penais. Nos termos do art. 2º da Lei de Introdução às Normas do Direito Brasileiro (com alteração da Lei n. 12.376/2010), "não se destinando à vigência temporária, a lei terá vigor até que outra a modifique ou revogue". 3. Mesmo que a conduta imputada aos Pacientes fizesse parte dos costumes ou fosse socialmente aceita, isso não seria suficiente para revogar a lei penal em vigor. 4. Habeas corpus denegado. (HC 104467, Relator(a): Min. CÁRMEN LÚCIA, Primeira Turma, julgado em 08/02/2011, DJe-044 DIVULG 04-03-2011 PUBLIC 09-03-2011 EMENT VOL-02477-01 PP-00057).

EMENTA: PENAL E PROCESSUAL PENAL. HABEAS CORPUS. CRIME DE VIOLAÇÃO DE DIREITO AUTORAL. VENDA DE CD'S "PIRATAS". ALEGAÇÃO DE ATIPICIDADE DA CONDUTA POR FORÇA DO PRINCÍPIO DA ADEQUAÇÃO SOCIAL. IMPROCEDÊNCIA. NORMA INCRIMINADORA EM PLENA VIGÊNCIA. ORDEM

Antonio Carlos Santoro Filho

DENEGADA. (HC 98898, Relator(a): Min. RICARDO LEWANDOWSKI, Primeira Turma, julgado em 20/04/2010, DJe-091 DIVULG 20-05-2010 PUBLIC 21-05-2010 EMENT VOL-02402-04 PP-00778 RSJADV jun., 2010, p. 47-50 RT v. 99, n. 901, 2010, p. 513-518)

[76] *Introdução ao Pensamento Jurídico*, 6ª ed., p. 239. Lisboa: Fundação Calouste Gulbenkian, 1988.

[77] Em nosso ordenamento jurídico, salvo disposição em contrário, as leis somente passam a possuir plena eficácia quarenta e cinco dias após a sua publicação, conforme art. 1º, da Lei de Introdução às Normas do Direito Brasileiro.

[78] *Princípio da Legalidade Penal*, p. 88. São Paulo, RT, 1994.

[79] *Código Penal e sua Interpretação Jurisprudencial*, 5ª ed., 2ª tir., p. 45. São Paulo: RT, 1995.

[80] *Sucessão das Leis Penais*, p. 145. Coimbra: Coimbra Editora, 1990.

[81] *Direito Penal, Parte Geral*, 19ª ed., p. 82. São Paulo: Saraiva, 1995.

[82] *Tratado de Direito Penal*, v. II, p. 256. Campinas: Bookseller, 1997.

[83] *Instituições de Direito Penal*, 4ª ed., v. I, tomo I, pp. 148/149. São Paulo: Max Limonad, 1959.

[84] *HC 103.153/MS* – Rel. Min. Cármen Lúcia, j. 03.8.2010, Informativo 594, 1ª Turma. No mesmo sentido já se posicionou a 2ª Turma do STF: "1. Habeas Corpus . 2. Fixação da pena-base acima do mínimo legal. Circunstâncias desfavoráveis. Decisão fundamentada. 3. Aplicação da causa especial de diminuição de pena prevista no § 4º do art. 33 da Lei n. 11.343/2006 à pena cominada nos arts. 12 e 14 da Lei n. 6.368/76. Combinação de leis. Impossibilidade. 4. Demora no julgamento do HC n. 149.220 no STJ. Constrangimento ilegal configurado. 5. Ordem parcialmente deferida." (**HC 103833**, Relator(a): Min. GILMAR MENDES, Segunda Turma, julgado em 23/11/2010, DJe-243 DIVULG 13-12-2010 PUBLIC 14-12-2010 EMENT VOL-02450-01 PP-00114);

[85] Compilação dos Boletins Informativos do STF, ns. 643 a 646. Em conclusão de julgamento, o Plenário, ante empate na votação, desproveu recurso extraordinário em que se discutia a aplicabilidade, ou não, da causa de diminuição de pena prevista no art. 33, § 4º, da Lei 11.343/2006 sobre condenações fixadas com base no art. 12, *caput*, da Lei 6.368/76, diploma normativo este vigente à época da prática do delito — v. Informativos 611 e 628. Além disso, assentou-se a manutenção da ordem de *habeas corpus*, concedida no STJ em favor do ora recorrido, que originara o recurso. Na espécie, o recorrente, Ministério Público Federal, alegava afronta ao art. 5º, XL, da CF ("*a lei penal não retroagirá, salvo para beneficiar o réu*"), ao argumento de que a combinação de regras mais benignas de 2 sistemas legislativos diversos formaria uma terceira lei. Aduziu-se que a expressão "lei" contida no princípio insculpido no mencionado inciso

referir-se-ia à norma penal, considerada como dispositivo isolado inserido em determinado diploma de lei. No ponto, destacou-se que a discussão estaria na combinação de normas penais que se friccionassem no tempo. Afirmou-se, ademais, que a Constituição vedaria a mistura de normas penais que, ao dispor sobre o mesmo instituto legal, contrapusessem-se temporalmente. Nesse sentido, reputou-se que o fato de a Lei 11.343/2006 ter criado a figura do pequeno traficante, a merecer tratamento diferenciado — não contemplada na legislação anterior — não implicaria conflito de normas, tampouco mescla, visto que a minorante seria inédita, sem contraposição a qualquer regra pretérita. Por se tratar de pedido de *writ* na origem e em vista de todos os atuais Ministros do STF terem votado, resolveu-se aplicar ao caso concreto o presente resultado por ser mais favorável ao paciente com fundamento no art. 146, parágrafo único, do RISTF (*"Parágrafo único. No julgamento de habeas corpus e de recursos de habeas corpus proclamar-se-á, na hipótese de empate, a decisão mais favorável ao paciente"*). Nesse tocante, advertiu-se que, apesar de a repercussão geral ter sido reconhecida, em decorrência da peculiaridade da situação, a temática constitucional em apreço não fora consolidada.

[86] *Comentários ao Código Penal*, 4ª ed., v. I, tomo I, p. 113. Rio de Janeiro: Forense, 1958.

[87] *O Sistema do Direito Penal*, pp. 43-44.

[88] STF: *HC 98766*.

[89] O Código Penal Militar Brasileiro (Decreto-Lei n. 1001, de 21 de outubro de 1969) disciplinou expressamente a questão, no sentido do texto, ao dispor, em seu artigo 2º, § 2º: "Para se reconhecer qual a mais favorável [das leis], a lei posterior e a anterior devem ser consideradas separadamente, cada qual no conjunto de suas normas aplicáveis ao fato".

[90] Maurício Antonio Ribeiro Lopes. *Princípio da Legalidade*, p. 128.

[91] *Parte Geral do Código Penal, nova interpretação*, p. 20 e 21. São Paulo: RT, 1988.

[92] Dispunha o art. 159, do Código Civil de 1916: Aquele que, por ação ou omissão voluntária, negligência, ou imprudência, violar direito, ou causar prejuízo a outrem, fica obrigado a reparar o dano. Disposição semelhante, porém mais ampla, consta do novo Código Civil, art. 186: "Aquele que, por ação ou omissão voluntária, negligência ou imprudência, violar direito ou causar dano a outrem, ainda que exclusivamente moral, comete ato ilícito".

[93] *O Sistema de Direito Penal*, p. 29.

[94] Miguel Reale. *Introdução à Filosofia*, 3ª ed., p. 108. São Paulo: Saraiva, 1994.

[95] Em relação às circunstâncias atenuantes o legislador brasileiro reconheceu de forma expressa a possibilidade da analogia *in bonam partem*, ao dispor, no art. 66, do Código Penal: "A pena poderá ser atenuada em razão de circunstância relevante, anterior ou posterior ao crime, embora não prevista expressamente em lei".

[96] *Direito Penal*, p. 44.

[97] *Conceito e Método da Ciência do Direito Penal*, p. 61. São Paulo: RT, 2002.

[98] *Fundamentos de Derecho Penal*, 3ª ed., p. 299.

[99] Normas penais em branco impróprias são aquelas em que o complemento de seu conteúdo é emanado da mesma fonte formal - Poder Legislativo - da norma penal. O complemento, embora se ache em outra lei, não penal, é formulado pelo mesmo legislador que tem competência constitucional para estatuir sobre o direito punitivo (Frederico Marques, *Tratado de Direito Penal*, v. I, p. 189).

[100] *Manual de Direito Penal Brasileiro*, parte geral, 3ª ed., p. 859. São Paulo: RT, 1992.

[101] Idem, p. 125.

[102] O Supremo Tribunal Federal, entretanto, fixou o entendimento no sentido de que o tempo de duração da medida de segurança não poderá ultrapassar o limite máximo de trinta anos, aplicando-se à questão o disposto no art. 75, do CP. Atingido tal prazo, se ainda presente a periculosidade do agente, a medida de segurança deverá ser extinta, transferindo-se o paciente para hospital psiquiátrico em regime de internação involuntária.

[103] A Nova Parte Geral do Código Penal estabeleceu apenas medidas de segurança para os inimputáveis ou "semi-imputáveis", que atingem eminentemente o direito de ir e vir de seu sujeito passivo. Foram excluídas, com a reforma, as medidas de segurança patrimoniais e as pessoais não detentivas, que vigoravam no regime anterior.
Duas foram as espécies de medidas de segurança admitidas pelo novo sistema: a *internação* e o *tratamento ambulatorial*.
A primeira, medida detentiva, consiste na internação do indivíduo em hospital de custódia e tratamento ou, à falta deste, em estabelecimento adequado.
Por *estabelecimento adequado* deve-se entender aquele que permita a execução de tratamento curativo ao indivíduo, que possibilite tentativa de reduzir a sua periculosidade e reintegrá-lo à sociedade.
Desse modo, à eventual falta de hospital de custódia e tratamento, não se pode prosseguir o cumprimento da medida de segurança em cadeia pública, casa de detenção ou penitenciária, pois tais estabelecimentos, à evidência, não oferecem qualquer hipótese de tratamento do inimputável ou semi-imputável, não são adequados para esta finalidade.

[104] *Princípios Básicos de Direito Penal*, pp. 41-42.

[105] Juarez Tavares, *Teorias do delito*, p. 8. São Paulo: RT, 1980.

[106] *Teoria do Injusto Penal*, p. 124. Belo Horizonte: Del Rey, 2000.

[107] "A cidadania na Constituição de 1988". *Constituição e Democracia*, pp. 27-28. São Paulo: Malheiros Editores, 2006

[108] As Constituições de outros países da América-latina, neste ponto, permitem a compreensão direta do princípio da lesividade, como ressalta Mariano H. Silvestroni: "O princípio jurídico da liberdade é de caráter geral e se manifesta no direito penal através do *princípio da lesividade*, em virtude do qual a aplicação de penas só pode habilitar-se em relação a uma ação humana que afeta a liberdade dos demais cidadãos. Vimos que o art. 19, CN, em sua primeira parte estabelece que "as ações privadas dos homens que de nenhum modo ofendam à ordem e à moral pública, nem *prejudiquem a um terceiro*, estão apenas reservadas a Deus, e isentas da autoridade dos magistrados". A Constituição uruguaia consagra uma fórmula similar, porém com pequenas variações que dão um sentido mais liberal ainda; assim, o art. 10 deste texto, em seu segundo parágrafo dispõe: "As ações privadas das pessoas que de nenhum modo atacam a ordem pública nem prejudicam a um terceiro, estão isentas da autoridade dos magistrados". O princípio está consagrado também nas Constituições da Costa Rica (art. 28 já citado) e Paraguai" (*Teoria constitucional del delito*, p. 145. Buenos Aires: Editora del Puerto: 2004).

[109] Em termos próximos RICOEUR, Paul. *O Justo 1*, p. 83. São Paulo: Martins Fontes, 2008.

[110] Tadeu Antonio Dix Silva, *Liberdade de Expressão e Direito Penal,* p. 54. São Paulo: IBCCRIM, 2000.

[111] BUZZI, Arcângelo R. *Introdução ao Pensar*, 33ª ed., p. 183. Petrópolis-RJ: Vozes, 2007.

[112] MORIN, Edgar. *O Método 6 – Ética*, 3ª ed., p. 48. Porto Alegre: Sulina, 2007. Como sustenta Karl R. Popper, é na *in*tolerância que a tolerância encontra os seus limites, pois "se concedermos à intolerância o direito de ser tolerada, destruímos a tolerância e o Estado de Direito. Esse foi o destino da República de Weimar" (*Em busca de um mundo melhor*, p. 245. São Paulo: Martins Fontes, 2006).

[113] SAVATER, Fernando. *A Importância da Escolha*, p. 137. São Paulo: Planeta do Brasil, 2004

[114] *Teoria Geral do Delito*, pp. 50-51. Porto Alegre: SAFE, 1988.

[115] *Derecho Penal Aleman*, p. 5.

[116] *Derecho Penal - Introduccion*, p. 40. Madrid: Facultad de Derecho/Universidad Complutense de Madrid, 1994.

[117] *Derecho Penal, Parte General*, 3ª ed., p. 249. Valencia: Tirant lo Blanch-Derecho, 1991.

[118] *Derecho Penal, Parte General*, Tomo I, p. 55.

[119] Giovanni Findaca, "O Bem Jurídico como Problema Teórico e como Critério de Política Criminal", *RT* 776/409, p. 412.

[120] Hans Joaquim Rudolphi. "Los Diferentes Aspectos Del Concepto de Bien Jurídico". *Nuevo Pensamento Penal – Revista de Derecho y Ciencias Penales* n. 5 a 8, p. 338.

[121] Luiz Régis Prado, *Bem Jurídico-Penal e Constituição*, 2ª ed., p. 49. São Paulo: RT, 1998.

[122] Claus Roxin. *Iniciación al derecho penal de hoy*, p. 28.

[123] H.L.A. Hart. *Direito, Liberdade e Moralidade*, p. 47 e 48. Porto Alegre: SAFE, 1987.

[124] *Introducción al Derecho Penal*, 2ª ed., p. 28. Bogotá: Temis, 1994.

[125] *Introdução Crítica ao Direito Penal Brasileiro*, p. 92. Rio de Janeiro: Revan, 1990.

[126] Winfried Hassemer, *Fundamentos Del Derecho Penal*, p. 37. Barcelona: Bosh, 1984.

[127] *Política Criminal y Sistema del Derecho Penal*, p. 53. Barcelona: Bosch, 1972.

[128] Francisco de Assis Toledo, *Princípios Básicos de Direito Penal*, p. 133.

[129] A respeito da posição da jurisprudência, conferir Carlos Vico Mañaz, *O princípio da insignificância como excludente da tipicidade penal*, p. 70 e ss.
A título de ilustração, trazemos à colação as ementas a seguir, favoráveis à adoção do princípio da insignificância em nosso Direito, pelos fundamentos acima expostos:
DELITO DE BAGATELA – Consideração de fato atípico – Princípio da Insignificância. Aplicação.
O princípio da insignificância pertine aos delitos de bagatela, permitindo sua consideração pela jurisdição penal como fatos atípicos, posto que destituídos de qualquer valoração a merecer tutela e, portanto, irrelevante. São os que pertinem a ações aparentemente típicas, mas de tal modo inexpressivas e insignificantes que não merecem a reprovabilidade penal. (*RDJTACRIM*, v. I, Janeiro/Março 1989, p. 216, Rel. Walter Swensson)

DANO – Estrago ao patrimônio público de pequena monta – Prejuízo não significativo – Atipicidade – Aplicação do princípio da insignificância.
O dano não deve restringir-se tão somente à mera lesão de coisa alheia, mas sim àquela que representa realmente significado para o seu proprietário. Assim, no caso do prisioneiro que serra a grade do xadrez numa tentativa frustrada de fuga, não há lesão significativa ao bem alheio, devendo ser excluída a tipicidade penal. (*RDJTACRIM*, v. 9, janeiro/março 1991, p. 76, Rel. Saraiva de Medeiros)

PRINCÍPIO DA INSIGNIFICÂNCIA – Furto – Pequeno valor da coisa furtada – Atipicidade do fato ante a ausência de lesividade ou danosidade social.
A lei penal jamais deve ser invocada para atuar em casos menores, de pouca ou escassa gravidade. E o princípio da insignificância surge justamente para evitar situações desta espécie, atuando como instrumento de interpretação restritiva do tipo penal, com o significado sistemático e político-criminal de

expressão da regra constitucional do nullum crimen sine lege, que nada mais faz do que revelar a natureza subsidiária e fragmentária do direito penal. (TA-CRIM – AC – Rel. Márcio Bártoli – *RT* 733/579)

AÇÃO PENAL – Justa causa – Inexistência – Lesão corporal culposa – Acidente de trânsito – Delito atribuído à mãe da vítima – Inexpressividade da lesão – Aplicação do princípio da insignificância – Trancamento determinado – Recurso de "habeas corpus" provido. (STJ) *RT* 705/381

PRINCÍPIO DA INSIGNIFICÂNCIA – Crimes contra a fauna – Abatimento de animal silvestre – Conduta que não afetou potencialmente o meio ambiente e não colocou em risco a função ecológica da fauna.
O abatimento de animal silvestre que não afeta potencialmente o meio ambiente e não coloque em risco a função ecológica da fauna impõe a aplicação do princípio da insignificância, uma vez que a conduta dos agentes não alcançou relevância jurídica. (TRF 3ª Região – 2ª Turma – Rel. Juiz Aricé Amaral – *RT* 747/778)

[130] A respeito da necessidade de desprezo das frações de dias multa, tivemos a oportunidade de escrever: "Cremos que, neste caso, deve-se seguir o princípio geral de desprezo pelas frações. Em primeiro lugar porque a legislação penal não conhece a fração de dia-multa, constituindo este a menor unidade, portanto indivisível, desta espécie de pena".
"Além disso, não admitindo a legislação penal frações das demais espécies de sanções penais, não haveria sentido em computá-las apenas na pena pecuniária, especialmente se considerarmos que, na multa substitutiva, que dela não possui qualquer distinção ontológica, opera-se o desprezo. Tal procedimento constituiria verdadeira contradição, que infringiria a lógica do sistema" (*Fundamentos de Direito Penal*, p. 101. São Paulo: Malheiros Editores, 2003).

[131] A jurisprudência brasileira majoritariamente acolhe o *quantum* do salário mínimo como critério para a fixação do *pequeno valor*. A título de ilustração (*apud* Silva Franco, Alberto e outros. *Código Penal e sua interpretação jurisprudencial*, 5ª ed., 2ª tir., p. 1913): "Não se considera a coisa furtada de pequeno valor, se este ultrapassa o *quantum* do salário mínimo" (STF – RE – Rel. Néri da Silveira – *RTJ* 119/272); "Adota-se como parâmetro, para estabelecer o furto mínimo, o salário mínimo vigente à época dos fatos" (TACRIM-SP – AC – Rel. Hélio de Freitas – *JUTACRIM* 86/345); "É admissível, em princípio, a adoção do salário mínimo como parâmetro de referência, considerando, no entanto, aquele vigente à época do delito" (TACRIM-SP – AC – Rel. P. Costa Manso – *JUTACRIM* 76340)

[132] Exemplo do que chamamos de arbitrariedade ou "desvio abolicionista" com relação ao princípio da insignificância pode ser observado no bem elaborado, porém, a nosso ver, equivocado artigo de Thales Tácito Pontes Luz de Pádua Cerqueira ("Princípio bagatelar próprio e impróprio – conceito, classificação e aplicação". Revista TravelNet Jurídica: www.jurídica.com.br, acesso em 17.8.2004). Afirma este autor, para exemplificar a aplicação do princípio

em questão, que o furto de uma bicicleta de um trabalhador, avaliada em R$ 200,00, não pode ser considerado insignificante. Já a subtração de uma bicicleta de valor de R$ 3.000,00, pertencente a um empresário, careceria de tipicidade material. Ao sustentar a insignificância deste segundo resultado – que, à evidência, não é desprezível – deturpa-se o princípio em análise, pois em razão do "estado profissional" do ofendido – critério eminentemente subjetivo -exclui-se da tutela penal violação relevante de um de seus direitos fundamentais – o patrimônio, nos termos do art. 5º, caput, da CF -, em afronta ao princípio constitucional da igualdade.

[133] Situação distinta verifica-se no Direito alemão. Dispõe o § 23, III, do Código Penal Alemão: "Quando o autor, por incompreensão básica, haja ignorado que a tentativa, pelo tipo de objeto ou pelos meios que deveriam empregar-se para a realização do delito, não pode chegar à sua realização, o tribunal *poderá prescindir* de aplicar a pena ou *atenuá-la* segundo seu justo parecer" (g.n.).

[134] Por esta razão sempre consideramos *típicas* as tentativas de furtos em supermercados, mesmo havendo vigilância do estabelecimento e acompanhamento da conduta do agente. Com efeito, embora *difícil*, em tais hipóteses, a *consumação* do delito, não há como a considerar *impossível*, pois a experiência nos demonstra que em inúmeros casos o furtador, mesmo sob vigilância, logra escapar com o produto da subtração das equipes de segurança.

[135] *Derecho Penal*, p. 67. Buenos Aires: Depalma, 1973.

[136] *Lógica Jurídica*, pp. 206-07 e 242. São Paulo: Martins Fontes, 2004.

[137] *Teoria Tridimensional do Direito*, 5ª ed., p. 101. São Paulo: Saraiva, 2000.

[138] Tércio Sampaio Ferraz Jr., *Introdução ao Estudo do Direito*, p. 265. São Paulo: Atlas, 1988.

[139] *Derecho Penal Aleman*, p. 66 e ss.

[140] *Derecho Penal, Parte General, Tomo I*, p. 297.

[141] Para uma crítica da teoria da imputação objetiva, cf. o nosso *Tipicidade e Imputação Objetiva no Direito Penal Brasileiro*, Verlu Editora, 2014.

[142] *Derecho Penal Argentino*, p. 183. Buenos Aires: TEA, 1999.

[143] Adotamos, aqui, o conceito de ordenamento jurídico oferecido por Norberto Bobbio: "entidade unitária constituída pelo conjunto sistemático de todas as normas" (*O Positivismo Jurídico – Lições de Filosofia do Direito*, p. 197. São Paulo: Ícone, 1995). Posicionamento semelhante é expresso por Baumann: "O fato (típico) não se mede exclusivamente com recurso às normas do direito penal, senão também à totalidade da ordem jurídica" (*Derecho Penal*, p. 170).

[144] Como sustenta Gustav Radbruch: "a vontade do legislador não é um meio, mas o fim e resultado da interpretação, a expressão da necessidade apriorística de uma interpretação sistemática e não contraditória da ordem jurídica total" (*Filosofia do Direito*, pp. 163/64. São Paulo: Martins Fontes, 2004).

[145] *Introdução ao Estudo do Direito*, p. 265.

[146] "Contratos no Código Civil". *O Novo Código Civil – Estudos em Homenagem ao*

Prof. Miguel Reale, p. 408. São Paulo: Revista dos Tribunais, 2001.

[147] *Hermenêutica Constitucional,* pp. 31-32. Porto Alegre: SAFE, 1997.

[148] Carlos Maximiliano, *Hermenêutica e Aplicação do Direito,* 19ª ed., p. 129. Rio de Janeiro: Forense, 2001

[149] Idem, p. 129.

[150] *Princípios de Derecho Penal,* p. 113. Buenos Aires: Abeledo-Perrot, 1990.

[151] Publicada no *Diário do Congresso,* de 29.3.1984, Seção II.

[152] *Derecho Penal – Parte General,* 3ª ed., p. 78.

[153] Sobre o conceito e fundamento da culpabilidade como elemento do delito que adotamos, cf. o nosso *Vontade, Culpabilidade e Pena,* Verlu Editora, 2014.

[154] Assim dispõe o § 46 I, do StGB: "A culpabilidade do autor será o *fundamento* da medição da pena. Se deverão considerar os efeitos derivados da pena para a vida futura do autor na sociedade".

[155] *Fundamentação do Direito em Habermas,* 3ª ed., p. 43.

[156] MOUNIER, Emmanuel. *O Personalismo,* p. 53. São Paulo: Centauro, 2004.

[157] RICOEUR, Paul. *O Justo 1,* p. 191.

[158] MOUNIER, Emmanuel. *O Personalismo,* p. 129.

[159] A dignidade humana, para Francesco Palazzo, constitui a raiz constitucional do princípio da culpabilidade como fundamento da pena. Sustenta este autor: "A culpabilidade, como fundamento da pena, projeta o sistema penal numa perspectiva eticizante, no centro da qual está o homem, como sujeito de responsabilidade moral, entendido, pois, em sua característica capacidade de autodeterminação, para o *mal* e para o *bem.* Em tal acepção, o princípio da culpabilidade faz penetrar suas raízes constitucionais no super-ordenado princípio da intangibilidade da dignidade humana: o seu fundamento constitucional pode dizer-se, então, substancial-personalístico" (*Valores Constitucionais e Direito Penal,* pp. 52-53. Porto Alegre: SAFE, 1989).

[160] Posicionamento semelhante é adotado por Enrique Bacigalupo: "existem três pontos de apoio indubitáveis na Constituição que fundamentam a posição constitucional do princípio da culpabilidade. Em primeiro lugar a *justiça* como valor superior da ordem jurídica (art. 1 CE) e em segundo lugar dos fundamentos da ordem política (art. 10 CE) que garantem a *dignidade da pessoa* e *o livre desenvolvimento da personalidade.* Precisamente destes últimos direitos deduziu o Tribunal Federal Constitucional alemão o princípio da culpabilidade. A notória similitude entre a Constituição Espanhola e a Lei Fundamental alemã neste ponto permite tomar em consideração os precedentes do Tribunal Constitucional Federal expostos em reiteradas sentenças. O valor *justiça* determina que a pena (...) dependa da reprovabilidade do autor. A *dignidade da pessoa* requer que as pessoas sejam um fim em si mesmas e que *não sejam utilizadas como meio* para obter outros fins. E o *livre desenvolvimento da personalidade* pressupõe que a atuação penal do Estado seja previsível e

Antonio Carlos Santoro Filho

ajustada a limites que não convertam a liberdade em exceção e que a liberdade seja protegida dentro do marco jurídico da Constituição". A culpabilidade, assim, atua determinando os pressupostos da pena, isto é, não há pena sem culpabilidade ("Principio de culpabilidad, carácter del autor y *poena naturalis en el derecho penal actual*". *Teorias actuales en Derecho Penal*, p. 133. Buenos Aires: AD-HOC, 1998).

[161] Sobre o absolutismo – especialmente o lusitano -, disserta Gislene Neder: "Este absolutismo apoiava-se na idéia de direito divino do poder real (o rei era visto como um governante hereditariamente "escolhido por Deus") e legitimado pelo pacto com a nobreza, através do juramento nas cortes" (*Iluminismo Jurídico-Penal Luso Brasileiro – Obediência e Submissão*, p. 50. Rio de Janeiro: Freitas-Bastos, 2000).

[162] *Curso de Direito Constitucional*, 4ª ed., p. 315. São Paulo: Malheiros Editores, 1993

[163] GUERRA FILHO, Willis Santiago. *O princípio da proporcionalidade em direito constitucional e em direito privado no Brasil*, disponível em Internet, in: www.mundojurídico.adv.br, acesso em 22.8.2005.

[164] *Teoria dos Princípios*, 3ª ed., p. 116. São Paulo: Malheiros Editores, 2004

[165] Idem, p. 122.

[166] Idem, p. 124.

[167] *Derecho Penal – Parte General*, t. I, p. 100.

[168] Como bem observa Hart: "Por isso a justiça é tradicionalmente concebida como mantendo ou restaurando um equilíbrio ou uma proporção, e o seu preceito condutor é frequentemente formulado como ´tratar da mesma maneira os casos semelhantes`; ainda que devamos acrescentar a este último ´e tratar diferentemente os casos diferentes`" (*O Conceito de Direito*, 2ª ed., p. 173. Lisboa: Fundação Calouste Gulbekian, 1996). A respeito do tema, Aristóteles já havia deixado assentado que o cerne da justiça é a igualdade, não aquela formal ou numérica, mas a embasada na proporcionalidade, geométrica, *analógica*. O igual, assim, "é um meio entre o demais e o de menos. Mas como o igual é um meio, assim também o direito é um meio. O direito é, portanto, algo proporcional. Porque o proporcional é o meio e o justo é o proporcional" (KAUFMANN, Artur, "A problemática da filosofia do direito ao longo da História". *Introdução à Filosofia do Direito e à Teoria do Direito Contemporâneas*, p. 69). Quanto à *medida* da proporção, a analogia que permite concretizar a igualdade proporcional, Aristóteles a denomina de *dignidade*, o que encontra plena aplicação ainda em nossos dias e compatibilidade com a terceira acepção do princípio da culpabilidade.

[169] Código Civil, art. 2º: "A personalidade civil da pessoa começa do nascimento com vida".

[170] Código Civil, art. 6º: "A existência da pessoa natural termina com a morte".

[171] Código Civil, art. 2º, *in fine*: "a lei põe a salvo, desde a concepção, os direitos do nascituro".

218

[172] Código Civil, art. 1º: "*Toda* pessoa é capaz de direitos e deveres na ordem civil". (g.n.)

[173] A menção apenas à humanidade, sem definição de seu conteúdo material, dá ensejo à crítica behaviorista – e, de certa forma, lhe confere razão – formulada por Burrhus Frederic Skinner: "Esta caracterização da espécie [humanidade] será provavelmente subscrita por todos os membros da espécie capazes de compreendê-la, mas ela não identifica nada que seja essencialmente humano, como se pode mostrar aplicando-a a outras espécies. Podemos prontamente concordar em que um leão que salta através de um arco num circo não se está comportando *qua* leão, e poderíamos dizê-lo assim: O leão, no melhor dos casos, isto é, quando leão ao máximo, poderá realizar-se, individualmente e com aqueles que lhe estão próximos numa atividade espontânea, inacabada e criativa, num trabalho que consiste na imposição de sua leoninidade e um meio ambiente recalcitrante. (...) Ele age e não sofre a ação; escolhe e não é escolhido. (...) Resiste a qualquer força que procure reduzir-lhe a energia, roubar-lhe a independência e a dignidade, matar sua vontade, destruir nele tudo quanto lute por uma auto-expressão singular, e reduzi-lo à uniformidade, à não-leoninidade, à monotonia e, por fim, à extinção. Desconfio que a maioria dos leões subscreveria esta descrição tranqüilizadora, se pudesse" (*Sobre o Behaviorismo*, 10ª ed., pp. 201-202. São Paulo: Cultrix, 2006).

[174] Como sustenta Edith Stein, com o primeiro homem começa também a existência da humanidade, pois a humanidade está presente em todo homem individual e desde o começo de sua existência todos os homens individuais pertencem à humanidade. Tão logo desperta a vida consciente, o homem se encontra a si mesmo em *comunidade* com outros homens (*La Estructura de la Persona Humana*, p. 166. Madrid: Biblioteca de Autores Cristianos, 2007).

[175] A *personalidade substancial* ou *material* representa "o conjunto de caracteres *próprios* de um determinado ser humano. É o conjunto de elementos distintivos, que permitem, primeiro, o reconhecimento de um indivíduo *como pessoa* e, depois, *como uma certa e determinada pessoa* (...) é uma *disposição ou maneira de ser* do indivíduo humano (...) uma qualidade inconsútil do ser humano, porque é um fator determinante de sua maneira de ser" (TELLES JÚNIOR, Goffredo da Silva. *Iniciação na Ciência do Direito*, 3ª ed., pp. 297-298, São Paulo: Saraiva, 2006).

[176] Assim também procedeu a Constituição Alemã, ao estabelecer que "A dignidade do homem é intangível. O povo alemão se identifica, portanto, com os invioláveis e inalienáveis direitos do homem como fundamento de toda comunidade humana, da paz e da justiça no mundo" (art. 1º).

[177] *Culpabilidade e reprovação penal*, p. 29. São Paulo: Sugestões Literárias, 1994.

[178] *Introdução crítica ao direito penal brasileiro*, p. 100.

[179] *Os princípios constitucionais penais*, pp. 31-32. Porto Alegre: SAFE, 1991.

[180] ABBAGNANO, Nicola, *Dicionário de Filosofia*, 3ª ed., p. 276. São Paulo: Martins Fontes, 1998.

Antonio Carlos Santoro Filho

[181] COMPARATO, Fábio Konder, *Ética – Direito, Moral e Religião no Mundo Moderno*, 2ª reimpressão, pp. 458-59. São Paulo: Companhia das Letras, 2006. Ser-pessoa, pois, "significa um absoluto ser-diferentemente. Com efeito, o essencial e valioso "caráter de algo único" de cada homem não significa senão que ele é precisamente diferente de todos os outros homens. Portanto, o ser do homem acaba por perder a sua dignidade sempre que se vê absorvido por um ser de ordem superior [como ocorre, por exemplo, nos Estados totalitários]. É na massa que isto se pode observar mais claramente (...). Cada homem é irrepetível, de modo que o sentido de cada existência é também irrepetível e tem o caráter de algo único" (FRANKL, Viktor E. *Psicoterapia e sentido da vida: Fundamentos da Logoterapia e análise existencial*, 4ª ed., p. 117 e nota 26. São Paulo: Quadrante, 2003). Edith Stein observa que nas relações entre pessoas não é viável substituir uma pessoa por outra. *Esta* pessoa, no que ela tem de significado humano, não pode ser trocada por qualquer outra, ainda que uma *nova* relação humana possa consolar a perda da primeira. No homem, pois, a individualidade adquire um novo sentido que não possui em nenhuma outra criatura inferior a ele (*La Estructura de la Persona Humana*, pp. 57-58).

[182] Com esta orientação Jürgen Habermas, ao sustentar que os *direitos humanos* têm um sentido universalista, pois "incluem todas as pessoas em geral e não somente os que pertencem a um Estado. Enquanto direitos fundamentais, eles se estendem a todas as pessoas, na medida em que se detêm no campo da validade da ordem do direito: nesta medida, todos gozam da proteção da constituição" (*Direito e democracia*, t. II, p. 316, *apud* MOREIRA, Luiz, *Fundamentação do Direito em Habermas*, 3ª ed., p. 164).

[183] *O princípio da dignidade da pessoa humana*, p. 23. São Paulo: IOB Thomson, 2005.

[184] Idem, p. 27.

[185] Posicionamento semelhante é adotado por Maurício Antonio Ribeiro Lopes (*Direito Penal, Estado e Constituição*, p. 184 e ss.). Apesar de conceituar a dignidade humana como a satisfação dos interesses do ser humano, do homem médio, denominada pelo autor, provavelmente inspirado em Kant, de "felicidade", o que poderia parecer também um conceito meramente formal e subjetivo, não deixa de observar que a dignidade humana pressupõe a possibilidade de exercício dos direitos constitucionais fundamentais, tanto que, no capítulo por ele dedicado à questão, são estudados, de forma minuciosa, os corolários deste fundamento constitucional.

Também no sentido do texto inclina-se Gisele Mendes de Carvalho ao argumentar que: "a dignidade humana possui dupla dimensão: uma negativa e outra positiva. A primeira impede que a pessoa humana venha a ser objeto de ofensas e humilhações. Já a dimensão positiva assegura o pleno desenvolvimento de cada ser humano, reconhecendo-se sua autodeterminação, livre de quaisquer interferências ou impedimentos externos" (*Aspectos jurídico-penais da eutanásia*, p. 114. São Paulo: IBCCRIM, 2001).

[186] Aqui nos referimos ao sentido jurídico da expressão *dignidade*, na medida em que a pessoa – reitere-se, juridicamente - extingue-se com a morte. Não negamos, contudo, que sob o prisma filosófico ou moral o não fugir ao extremo

risco da própria morte pode caracterizar o exercício pleno da liberdade, a busca pelo sentido da existência e a realização dos ideais – valores -, como em reiteradas oportunidades nos ensinou a História e seus mártires, na luta pela igualdade, pela paz e pela própria Liberdade. Em suma, "enfrentar" a morte e sacrificar-se por um *fim*, em determinadas circunstâncias, constitui, muitas vezes, a – em alguns casos única - forma de preservação daquela dignidade *pessoal* – interior - ou mesmo de *uma causa*, comum a toda uma comunidade ou a um povo.

[187] *Manual de Direito Penal Brasileiro*, p. 789. São Paulo: RT, 1997.

[188] CERNICHIARO, Luiz Vicente e COSTA JR., Paulo José da. *Direito Penal na Constituição*, p. 113. *Direito Penal na Constituição*. São Paulo: RT, 1990. Viktor E. Frankl, ao tratar da psicologia nos campos de concentração – tema similar à prisão perpétua, face à inexistência de limite quanto à sua duração -, observa que: "sem um ponto fixo no futuro, não consegue o homem propriamente existir. É em ordem ao futuro que normalmente todo o seu presente é configurado, orientando-se para ele como a limalha de ferro se orienta para um pólo magnético. Pelo contrário, o tempo interior, o tempo vivencial perde toda a sua estrutura sempre que o homem perde o "seu futuro". Já não se vive; vai-se vivendo, num viver presentista, sem rumo (...). No momento em que o homem não consegue entrever o final de uma situação provisória na sua vida, também não consegue propor-se nenhum fim, nenhuma missão; a vida por força tem que perder, a seus olhos, qualquer conteúdo e sentido" (*Psicoterapia e sentido da vida: Fundamentos da Logoterapia e análise existencial*, 4ª ed., pp. 143-44).

[189] *O Justo 1*, p. 194.

[190] *Novos rumos do sistema criminal*, p.53. Rio de Janeiro: Forense, 1983.

[191] *Derecho penal del enemigo, passim*. Madrid: Civitas, 2003. Eugenio Raúl Zaffaroni lembra que o direito penal do inimigo tem a sua origem em Hobbes, que sustentava que a resistência ao poder do soberano implicaria reintroduzir a guerra de todos contra todos. Nestas condições – para Hobbes -, quem resiste ao poder do soberano não deve ser punido, mas submetido à força de contenção, na medida em que não é um delinquente, mas um inimigo. Quem é um inimigo declarado do Estado não está – ou não deve estar – sujeito a penas, pois quem nunca esteve sujeito à lei não pode transgredi-la, devendo sofrer, portanto, como *inimigo* do Estado. As penas são estabelecidas para os súditos – cidadãos -, e não para os inimigos, aqueles que, por própria vontade, negam o poder do soberano ("El *Leviathan* y el Derecho Penal". *Derecho Penal y Estado de Derecho*, p. 71. Córdoba: Librería de la Paz, 2005).

[192] Jeremy Bentham ensina que o *sofisma* "é um argumento falso revestido de uma forma mais ou menos capciosa. Sempre dele faz parte alguma idéia sutil, posto que não contenha necessariamente a de má-fé. Podemos empregá-lo com próprio engano nisso, bem como podemos espalhar moeda fala, reputando-a por corrente. Há entre *erro* e *sofisma* uma diferença fácil de compreender-se. *Erro* denota simplesmente uma opinião falsa; *sofisma* denota igualmente uma opinião falsa, mas a qual convertemos em um meio para certo fim. Faz-se uso do sofisma para influir sobre a persuasão alheia e tirar

disso algum resultado, pelo que, o erro é o estado de uma pessoa que alimenta uma opinião falsa, e o sofisma serve de instrumento ao erro" (*Teoria das Penas Legais e Tratado dos Sofismas Políticos*, p. 257. Leme-SP. EDIJUR, 2002).

[193] MOUNIER, Emmanuel. *O Personalismo*, p. 55.

[194] "Seguridad y derecho penal". *Derecho Penal y Estado de Derecho*, p. 62-63.

[195] *De nuevo sobre el Derecho penal del enemigo*, p. 63. Buenos Aires: Hammurabi, 2005.

[196] BOBBIO, Norberto, MITTEUCCI, Nicola e PASQUINO, Giancarlo. *Dicionário de Política*, v. II, 10ª ed., p. 710. Brasília-DF: UnB, 1997.

[197] *Ética*, p. 463. Em sentido próximo o posicionamento de Edith Stein: "No homem não só tem lugar uma transformação da impressão em expressão ou em ação, senão que ele mesmo está como pessoa livre no centro, e tem em suas mãos mecanismos de mudança, ou, mais exatamente, pode tê-los em suas mãos. Com efeito, depende de sua liberdade, inclusive, que queira ou não fazer uso dela. Partíamos de que o homem pode e deve formar-se a si mesmo. Dávamos ao pronome *ele* o sentido da espiritualidade pessoal. A ela se soma, necessariamente, o *poder* como liberdade. Do poder se deriva a possibilidade do *dever*. O livre *eu* que se pode decidir a fazer ou omitir algo, a fazer isto ou aquilo, se sente chamado em seu interior a fazer isto e a omitir aquele outro. Dado que pode perceber exigências e observá-las, está em condições de colocar-se *fins* e fazê-los realidade com seus atos. *Poder* e *dever*, *querer* e *atuar* estão muito estreitamente relacionados" (*La Estructura de la Persona Humana*, p. 95-96).

[198] COMTE-SPONVILLE, André. *A Vida Humana*, p. 17. São Paulo: Martins Fontes, 2007.

[199] ABBAGNANO, Nicola, *Dicionário de Filosofia*, p. 1009.

[200] Em sentido próximo Nicola Abbagnano ao sustentar que: "O problema da liberdade tem a existência como horizonte. Ele não diz respeito a nenhum aspecto do homem em detrimento de um outro. Não se refere apenas a sua vontade, a seus atos ou a sua conduta, mas àquilo que o homem é verdadeiramente *em sua humanidade*" (*Introdução ao Existencialismo*, p. 113. São Paulo: Martins Fontes, 2005).

[201] MONTANO, Pedro J., *La Dignidad Humana como bien jurídico tutelado por el Derecho Penal*. Disponível em internet: hhtp//:www.unifr.ch/derechopenal, acesso em 04.9.2007. Esta capacidade modeladora e criadora da pessoa é revelada pela circunstância de que "algumas coisas os seres humanos sabem fazer e os animais não; ainda que possam cantar muito bem, os pássaros cantam sempre a mesma melodia, não há criatividade; os seres humanos, ao invés, podem criar novas melodias. Isto seria suficiente para dizer: "estamos diante de um ser humano". Então, através da entropatia reconheço que é um outro como eu, e procuro entender o que há dentro deste outro" (BELLO, Angela Ales *Fenomenologia e Ciências Humanas*, p. 190. Bauru-SP: EDUSC, 2004). Semelhante observação é realizada pelo pintor Wassily Kandinsky: "Exteriormente, os gestos do macaco são idênticos aos do homem. O macaco senta-se, segura na mão um livro, folheia-o, toma um ar inspirado, mas sem que essa mímica possua qualquer significação interior" (citado por: CUNHA, Paulo Ferreira da. *O*

Ponto de Arquimedes, p. 26. Coimbra: Almedina, 2001).

[202] MONDIN, Battista. *Definição Filosófica da Pessoa Humana*, 2ª ed., p. 18. Bauru-SP: Edusc, 1998.

[203] Em sentido próximo posiciona-se Urbano Ferrer ao sustentar que a liberdade tem dois prismas complementares: por um lado representa o caráter de autodeterminação do sujeito (prisma positivo), e por outro o espaço de opções para o primeiro (prisma negativo). "Sem liberdade positiva, resultariam vazios os enquadramentos jurídicos para a liberdade; e sem alternativas para a ação, a liberdade positiva quedaria como em suspenso" (*Que significa ser persona?*, p. 270. Madrid: Ediciones Palabra, 2002).

[204] A título de exemplo, o citado crime de "Lesa Majestade", previsto pelo Título VI das Ordenações Filipinas.

[205] Dispõe o art. 1.997 do Código Civil: "A herança responde pelo pagamento das dívidas do falecido; mas, feita a partilha, só respondem os herdeiros, cada qual *em proporção da parte que na herança lhe coube*".

[206] *Os Princípios Constitucionais Penais*, p. 36.

[207] SHECAIRA, Sérgio Salomão e CORRÊA JR., Alceu. *Pena e Constituição*, p. 31.

[208] Neste sentido: DEVESA, J.M.R. e GOMEZ, A. S. *Derecho Penal Español*, p. 952.

[209] A personalidade a que nos referimos – ou um conceito relevante para efeitos jurídico-penais - constitui a *conjugação*, em uma organização *dinâmica*, no indivíduo, de aspectos genéticos, físicos e culturais, que formam uma totalidade *única*, dirigida à *autorrealização* e a um determinado *sentido*, movida por móveis e motivos, aberta a modificações – inclusive no que se refere a seu sentido - e que supera a mera soma das partes que a integram – *gestalt*. Por acreditarmos que a personalidade está aberta a alterações é que admitimos, como uma das finalidades da pena, a *prevenção especial*, que, respeitada a liberdade de pensamento e de *opção* da pessoa humana, consiste na colocação, à disposição do criminoso, de meios capazes de provocar a sua (re)integração à vida social ordenada, ou, na feliz expressão de Paul Ricouer, de reabilitá-lo, de lhe devolver, ao fim da pena, a capacidade de ser um cidadão integral (*O Justo 1*, p. 193). Trata-se a prevenção especial, pois, de uma oportunidade de *modificação existencial* conferida ao condenado, que dela poderá aproveitar-se ou não, de acordo com a sua *liberdade de escolha*, para, no fluxo de sua existência e confrontado com a pena em sua complexidade, *tornar-se* um *ser diferente* do que era, moldar-se para um *vir-a-ser* distinto. O agente, quando da prática do crime *é* criminoso, mas não está "condenado" a permanecer nesta condição existencial; pode optar pela modificação de seus comportamentos e pela alteração do sentido de seu próprio *ser*.

[210] *Liberdade-Culpa-Direito Penal*, 3ª ed., pp. 184-185. Coimbra: Coimbra Editora, 1995.

[211] Neste sentido posicionam-se André Luís Callegari e Roberta Lofrano An-

drade, "Traços do Direito Penal do Inimigo na fixação da pena-base", *in Boletim IBCCRIM* n. 178, setembro de 2007.

[212] Anote-se que o Supremo Tribunal Federal já deixou assentado que é constitucional a aplicação da reincidência como agravante da pena em processos criminais (CP, art. 61, I). Essa a conclusão do Plenário ao desprover recurso extraordinário em que alegado que o instituto configuraria *bis in idem*, bem como ofenderia os princípios da proporcionalidade e da individualização da pena. Registrou-se que as repercussões legais da reincidência seriam múltiplas, não restritas ao agravamento da pena. Nesse sentido, ela obstaculizaria: a) cumprimento de pena nos regimes semiaberto e aberto (CP, art. 33, § 2º, b e c); b) substituição de pena privativa de liberdade por restritiva de direito ou multa (CP, artigos 44, II; e 60, § 2º); c) *sursis* (CP, art. 77, I); d) diminuição de pena, reabilitação e prestação de fiança; e) transação e *sursis* processual em juizados especiais (Lei 9.099/95, artigos 76, § 2º, I e 89). Além disso, a recidiva seria levada em conta para: a) deslinde do concurso de agravantes e atenuantes (CP, art. 67); b) efeito de lapso temporal quanto ao livramento condicional (CP, art. 83, I e II); c) interrupção da prescrição (CP, art. 117, VI); e d) revogação de *sursis* e livramento condicional, a impossibilitar, em alguns casos, a diminuição da pena, a reabilitação e a prestação de fiança (CP, artigos 155, § 2º; 170; 171, § 1º; 95; e CPP, art. 323, III). Consignou-se que a reincidência não contrariaria a individualização da pena. Ao contrário, levar-se-ia em conta, justamente, o perfil do condenado, ao distingui-lo daqueles que cometessem a primeira infração penal. Nesse sentido, lembrou-se que a Lei 11.343/2006 preceituaria como causa de diminuição de pena o fato de o agente ser primário e detentor de bons antecedentes (art. 33, § 4º). Do mesmo modo, a recidiva seria considerada no cômputo do requisito objetivo para progressão de regime dos condenados por crime hediondo. Nesse aspecto, a lei exigiria o implemento de 2/5 da reprimenda, se primário o agente; e 3/5, se reincidente. O instituto impediria, também, o livramento condicional aos condenados por crime hediondo, tortura e tráfico ilícito de entorpecentes (CP, art. 83, V). Figuraria, ainda, como agravante da contravenção penal prevista no art. 25 do Decreto-Lei 3.688/41. Influiria na revogação do *sursis* processual e do livramento condicional, assim como na reabilitação (CP, artigos 81, I e § 1º; 86; 87 e 95). **RE 453000/RS, rel. Min. Marco Aurélio, 4.4.2013. (RE-453000)** (Informativo 700, Plenário)

[213] PITOMBO, Sério Marcos de Moraes. "Os Regimes de Cumprimento de Pena e o exame criminológico" *in RT* 583/314.

[214] O livramento condicional pertence à execução penal e de fato constitui a última etapa do sistema progressivo. Do ponto de vista do condenado, representa um direito e um benefício, pois capaz de proporcionar-lhe a antecipação da liberdade. Constitui também, entretanto, uma medida de caráter penal, pois a liberdade, além de passível de revogação, está sujeita a uma série de condições impostas pelo Juízo da Execução Penal. Neste sentido o posicionamento de Reale Jr. e outros: "O livramento condicional tem uma forma e um conteúdo. Como forma ele é um benefício comparado com a perda da liberdade. Também como forma de execução da pena ele constitui uma etapa do sofrimento da pena em meio livre. E como conteúdo, o instituto é uma medida penal com as características e algumas propriedades das reações

típicas: individualização, proporcionalidade, etc. A natureza jurídica do livramento condicional, portanto, tem dupla face. Ela é, ao mesmo tempo, uma providência de Política Criminal, caracterizada pela antecipação da liberdade, cumprida uma parte da pena e atendidos outros requisitos e condições, e é também uma providência do Direito Penal, especificamente identificada como medida penal alternativa da privação da liberdade" (*Penas e Medidas de Segurança no Novo Código*, 2ª ed., p. 223. Rio de Janeiro: Forense, 1987).

[215] Durante décadas defendemos que o sistema progressivo de regimes constituía o modelo adequado para a reinserção social gradual do condenado. O caráter "ficcional" do sistema, no entanto, e a quase absoluta ausência de fiscalização nos levou a uma mudança de posição. Defendemos, agora, uma "simplificação" do modelo para que tenha um ganho de efetividade – e credibilidade da Justiça. Embora este não seja o campo adequado para a ampla discussão do tema – voltaremos à matéria ao tratarmos da política criminal -, lançamos aqui as linhas fundamentais do que preconizamos: (a) abolição do regime aberto; (b) aplicação da prisão apenas para as hipóteses de crimes hediondos, graves ou de multirreincidência em crimes sem violência ou grave ameaça; (c) livramento condicional mediante cumprimento de ao menos 2/5 da pena – primários - ou 3/5 para os reincidentes; (d) aplicação predominantemente das penas restritivas de direitos; (e) conversão, no curso da execução, observados pressupostos objetivos e subjetivos, do restante da pena privativa de liberdade em restritiva de direitos, especialmente a prestação de serviços à comunidade.

[216] *O Positivismo Jurídico – Lições de Filosofia do Direito*, p. 203.

[217] *Roteiro de Lógica Jurídica*, 4ª ed., p. 87. São Paulo: Saraiva, 2001.

[218] *Introdução à Filosofia do Direito e à Teoria do Direito Contemporâneas*, pp. 98-99.

[219] *Iniciação na Ciência do Direito*, p. 114.

[220] *Derecho Penal*, p. 171.

[221] *Instituições de Direito Penal*. V. I, p. 37.

[222] *La Ley y el Delito*, p. 62.

[223] *Direito Penal Brasileiro – Parte Geral*, p. 132.

[224] ARAÚJO JR., João Marcello de. "Os grandes movimentos de política criminal de nosso tempo - aspectos", *in Criminologia*, p. 162.

[225] ZAFFARONI & PIERANGELLI. *Manual de Direito Penal Brasileiro*, p. 324.

[226] MENDES, Nelson Pizzotti. "A nova defesa social. Verificação da obra de Marc Ancel", *in Justitia*, abril/junho de 1974, v. 85, p. 21.

[227] *Introducción al Derecho Penal*, pp. 174-75.

[228] MENDES, Nelson Pizzotti, ob.cit., p. 22.

[229] Ob.cit., p. 161.

[230] MENDES, Nelson Pizzotti, ob.cit., p, 23.

[231] ZAFFARONI & PIERANGELLI, ob. cit., p. 324.

[232] CHRISTIE, Nils. "Civilidade e Estado", *Conversações Abolicionistas* p. 248. São Paulo: IBCCRIM, 1997.

[233] HULSMAN, Louk e CELIS, Jaqueline Bernat de, *Penas Perdidas*, p. 179. Niterói-RJ: LUAM, 1993.

[234] *Penas Perdidas*, p. 164.

[235] Idem, p. 162.

[236] *Teoria do fato jurídico*, p. 95. 6ªed. São Paulo: Saraiva, 1994.

[237] CONDE, Francisco Muñoz. *Teoria Geral do Delito*, p. 42.

[238] CAMARGO, Antonio Luís Chaves. *Tipo Penal e Linguagem*, p. 11. *Tipo Penal e Linguagem*. Rio de Janeiro: Forense, 1982.

[239] REALE JR., Miguel. *Parte Geral do Código Penal – Nova Interpretação*, p. 22.

[240] *Pena e Constituição*, p. 108. São Paulo: Saraiva, 1993.

[241] *Retratos do Mal*, p. 23. Rio de Janeiro: Jorge Zahar Editor, 2003.

[242] Idem, p. 25. No mesmo sentido o posicionamento de Karl Jaspers: "Contra a força, faz-se necessária a resistência pela força, a menos que se esteja disposto a admitir a própria escravização ou a própria destruição. A livre coexistência cria uma comunidade por meio de instituições e de leis" (*Introdução ao Pensamento Filosófico*, 14ª ed., p. 66. São Paulo: Cultrix, 2007).

[243] Dispõe o art. 8º da Declaração dos Direitos do Homem e do Cidadão de 1789: "A lei apenas deve estabelecer penas estrita e evidentemente necessárias"

[244] *Princípios Constitucionais Penais*, p. 25.